國際秩序重啟

經濟、技術與大國間的未來博弈

智本社 著

從俄烏戰爭到川普上任後的貿易摩擦，以經濟學角度審視世界變遷

The Next Global Order

深度剖析全球化中的經濟秩序重構
探討國家間合作與衝突的深層經濟邏輯

馬爾薩斯陷阱 3.0！技術變革如何影響國際經濟與秩序？
大國較量與國際金融體系，新舊秩序演進的矛盾與挑戰？
一本書深入解析全球化背景下國際政治經濟的博弈與合作！

目錄

序　追問 ... 005

前言 ... 007

後秩序時代：舊秩序崩壞，新秩序未形成 ... 009

大國較量：人類全球性集體行動的困境 ... 045

馬爾薩斯陷阱 3.0：低成長再次籠罩經濟社會 ... 085

美中關係：全球化變遷的關鍵 ... 133

大家治學：走近經濟學家的世界 ... 177

新視野：未來技術與經濟新格局 ... 187

思想市場：資訊似圍牆，該堵還是該疏？ ... 201

歷史觀：從制度到秩序，以經濟學看歷史 ... 241

目錄

序　追問

在這個時代，提出一個好問題比解惑更為珍貴。

2008 年以來，我們經歷了什麼？金融危機、債務危機、政治民粹運動、貿易摩擦及逆向全球化、COVID-19 疫情大流行、史詩級股災、供應鏈危機、生育率斷崖式下降及人口危機、國家衝突及戰爭、能源危機、糧食危機、國際秩序崩壞⋯⋯世界，正滑入「馬爾薩斯災難」嗎？

每一個大問題都攸關人類的前途和個人的處境。但是，現代人追問能力的退化及網路傳播下資訊的泛濫，讓問題變得複雜與神祕。

金融危機為何爆發，是美國聯準會升息所致還是降息所致？是葛林斯潘（Alan Greenspan）的問題還是聯準會的問題？是聯準會的政策問題還是制度問題？是監督制度問題還是全球央行及法定貨幣制度問題？全球央行及法定貨幣制度問題的本質又是什麼？貨幣理論是否有問題？

顯然，後危機時代，我們並未深刻意識到這些問題，以致金融體系不可挽回地惡化，貨幣淪為「公地悲劇」（Tragedy of the commons）。集體行動如何避免「公地悲劇」？國家組織扮演了進步角色還是成為始作俑者？國家為何陷入「諾斯悖論」？

法國大革命後，民族主權國家成為人類進步的重要力量，國家現代化已是大勢所趨。在全球化時代，民族主權國家與經濟全球化是否會產生矛盾？當下，國家衝突是否與這一矛盾有關？全球化的認知是否有誤？未來，國家組織如何演變？

為何有些國家經濟成長快，有些國家則陷入停滯？為何有些國家的

序　追問

　　經濟成長快但家庭財富卻成長慢？這種經濟成長模式是否可持續？當貨幣增速長期大於經濟增速時，經濟將走向何方？當經濟增速長期大於家庭收入增速時，經濟又將如何演變？

　　貧富不均是這個時代不可迴避的問題。貧富差距的原因是什麼？正當性和不正當性在何處？貨幣政策是否加劇了不平等？福利主義是否破壞了公平競爭？

　　人口危機又是一大社會焦慮。生育率下降的合理因素是什麼？

　　生育是否是必需品？額外因素是否增加了生育成本？高齡化的問題是養老問題、成長問題還是制度問題？通貨膨脹、公共養老制度是否惡化了養老問題？

　　困惑，亦是我寫下百萬字且繼續寫作的動力。長期以來，我追問的線索是經濟學的思維，即個人經濟行為。不過，經濟學「埋雷」無數，同樣需要不停地追問。

　　追問不止，筆耕不息。智本社，與思想者同行。

清和

前言

全球化秩序重構是全書的一個重要觀點。本書以國際金融、貨幣等經濟秩序的演變為主要邏輯，以經濟學原理為理論支點，透視國家之間的合作、衝突及博弈等背後的經濟事實。在分析新舊國際秩序演進的表現、原因時，經濟全球化與國家制度之間的矛盾是本書的重要視角。

在當下疫情危機、石油及糧食危機、戰爭及地緣政治危機四伏的大時代，本書重啟馬爾薩斯陷阱這一概念來闡述國際秩序的解構與重建。

全書分為八章，分別為：後秩序時代、大國較量、馬爾薩斯陷阱3.0、美中關係、大家治學、新視野、思想市場、歷史觀。

第一章為「後秩序時代」。本書認為，當今世界的經濟動盪與政治衝突，正是全球化新舊秩序相互博弈的表現。2022年以來，俄烏戰爭引發世界關注。本章剖析這場衝突對國際金融能源局勢乃至國際秩序的影響，進而闡述「後秩序時代」的演進特徵。

第二章為「大國較量」。本章的研究線索是國家制度與經濟全球化之間的關係，這也是本書理解國家之間動態關係的重要視角。這一章節的三篇文章以經濟學原理闡述國家之間的合作、博弈及國家自身的演化。

本書認為，維繫國際秩序穩定是一項「公共成本」。這是一個國際難題。公共成本「承擔者」一旦缺位，全球秩序將陷入動盪不安。在〈大國衝突的假象〉一文中便以國際匯率體系的演變為案例重點闡述了這一觀點。同時，在剖析國家利益為何是大國衝突假象這一問題的過程中，再次深化國際秩序新舊演進的主題。

本書也相信，經濟全球化是一條演進之路，是人類通往繁榮與和平

前言

之路。這是亞當斯密（Adam Smith）的學術遺產。

在「馬爾薩斯陷阱 3.0」這一章，重點關注技術對人類社會發展的作用。本章以三個詞——「秩序重構」、「危險邊緣」、「破局之道」歸納馬爾薩斯陷阱如何困擾著不同歷史時期的人類。當今，世界經濟成長持續低迷與泡沫風險巨大，人類正在遭遇存量爭奪的困擾，而唯有制度建設、科學技術是破解困境之法。

「美中關係」這一章包括三篇文章，分別圍繞「貿易平衡」、「基本邏輯」與「世界秩序」展開，分析美中貿易結構、回溯利益大循環、探究貿易失衡深層原因。美中是全球大國，美中關係穩定對全球有著深遠影響。美中關係演變也是觀察全球化秩序變遷的一種視角。

本書的「大家治學」章節為讀者介紹一位政治經濟學集大成者——大衛・李嘉圖（David Ricardo）。本章重點介紹了其比較優勢理論，這一理論至今仍是國際自由貿易的理論基石。理解大衛・李嘉圖及其學說，能幫助我們更深入理解全球化。

「新視野」關注當下的新技術、新趨勢、新現象。本書為讀者介紹和分析「元宇宙」及其背後的經濟邏輯。

「思想市場」章節解構「群眾」，試圖以思想市場、私人契約和經濟制度三個角度分析這種伴隨群體而生的集體現象。

「歷史觀」通常以再現、敘事的手法為讀者展現某個或者連續的歷史時代裡的經濟、社會現象。本文的「歷史觀」描繪了奧運在不同歷史時代中傳達的社會精神意義以及講述了國家權力制度的演進。

最後，希望讀者能夠在本書閱讀過程中獲得知識與樂趣，以經濟學的思維思考工作和生活中的現象與問題。本書如有任何疏漏之處，還望讀者給予批評指正。

後秩序時代：
舊秩序崩壞，新秩序未形成

　　大時代，猛浪若奔，暗礁險灘。

　　1970 年代以來，數位化、金融化與全球化掀起時代巨浪，世界秩序為之大變。全球化秩序正在傾斜，國際收支長期失衡，金融泡沫持續膨脹，貧富差距迅速擴大⋯⋯

　　2008 年金融危機爆發後，「川普現象」在國際政治舞臺流行，國際經貿秩序搖搖欲墜。2022 年，俄烏戰爭爆發，地緣政治風險飆升，並引發能源危機和糧食危機，國際政治秩序及金融能源格局危如累卵。

　　舊秩序崩壞，但新秩序未形成，世界正在陷入新型的馬爾薩斯陷阱，我們正在步入後秩序時代。

◆ 後秩序時代：舊秩序崩壞，新秩序未形成

後秩序時代：俄烏戰爭

邊緣政策，是改變國際秩序的突變力量。

2022年2月，俄烏戰爭猛然驚醒世界。這場原本是拜登（Joe Biden）、普丁（Vladimir Putin）各取所需，歐洲受挫憋屈，烏克蘭吃虧流血，舊秩序還能苟延殘喘的戰爭，結果因俄軍行動進展不及預期、澤倫斯基（Volodymyr Zelenskyy）政府堅持抵抗以及歐洲群眾參戰情緒陡增，演變為美俄騎虎難下、德國歷史性轉變、國際制裁全面更新、核戰威脅驟增及歐洲政治情緒重燃的世界地緣政治劇變。

俄烏戰爭正在衝擊搖搖欲墜的國際秩序。

01 俄烏戰爭與德國突變

這場衝突，是冷戰結束後世界最大的地緣政治危機，也是「二戰」以來歐洲最大的地緣政治危機，它正在點燃歐洲國家的政治情緒。

俄烏戰爭的爆發打破了歐洲與俄羅斯之間的默契，核心是德國與俄羅斯的潛在關係。為什麼這麼說？

這要從《明斯克協議》說起。2014年2月，烏克蘭政府軍與烏東親俄勢力發生流血衝突，引起了頓巴斯戰爭。4月，在德法斡旋下，雙方簽署了停戰協議，即《明斯克協議》。

這項協議文件的簽署方是歐安組織、俄羅斯政府、烏克蘭政府及烏克蘭東部頓巴斯地區政府的代表。你會發現，這項涉及歐洲安全及俄羅斯核心利益的協議，是德法和俄羅斯主導的，美英被邊緣化了。雖然歐安組織包括美英，但是這個組織最初設立時，美國是反對的，如今它的

領導權主要在歐洲。

《明斯克協議》被認為是德法撇開英美獨立處理歐俄關係的重大外交成就。同年6月,當時法國藉著紀念諾曼第登陸70週年之際,邀請俄羅斯、德國、烏克蘭首腦在諾曼第就烏克蘭局勢進行磋商。這種協商方式被高調地冠以「諾曼第模式」之名,可見德法頗為看重這一獨立外交成果。

同時,《明斯克協議》還是德俄默契關係的延續,核心是梅克爾(Angela Merkel)與普丁的穩定關係。要知道,頓巴斯戰爭爆發後,克里米亞危機就爆發了,美國在3月立即對俄羅斯做出了經濟制裁。在這種局勢下,德法與俄羅斯協商化解了這場地緣政治危機。雖然歐盟也制裁俄羅斯,但是德法特意把最關鍵的能源和金融制裁剔除了。

在俄羅斯問題上,歐洲比美國更溫和。因為德法不希望與俄羅斯徹底決裂,以避免遭遇巨大的地緣政治危機與經濟衝擊,進而在安全與外交上更加依賴美國。德國比歐盟更溫和。梅克爾主張有限制裁俄羅斯,不能危及德俄的能源貿易。在2014年,歐洲30%的天然氣依賴俄羅斯,法國是18%,義大利是20%,而德國是40%。

梅克爾來自德意志民主共和國(東德),與普丁的私交不錯。更重要的是,她執掌德國16年,奉行的是艾哈德(Ludwig Erhard)、柯爾(Helmut Kohl)及基民盟(CDU)一貫以來的「第三條道路」。「二戰」後的德國長於經濟科技,弱於政治軍事,歐盟的地緣政治事務更傾向依賴法國。梅克爾的執政風格很「德國」,她穩定、務實、謹慎,奉行折衷主義,努力在美國與俄羅斯之間、在歐盟與俄羅斯之間尋找平衡。

2011年,德國與俄羅斯開通了北溪一號天然氣管道,該管道途經烏克蘭,是德國天然氣的命脈,這次制裁也不會關閉它。2018年,梅克爾

◆ 後秩序時代：舊秩序崩壞，新秩序未形成

與普丁推動北溪二號天然氣管道計畫。管道的設計特意避開了烏克蘭、波蘭，由俄羅斯經波羅的海海底直通德國。從中可以看出，梅克爾更加信任俄羅斯，而不是烏克蘭。

但是，當國際局勢日趨對立，折衷主義逐漸無路可走。時任美國總統川普（Donald Trump）一再對德國施壓，批評梅克爾在俄羅斯問題上喪失原則。他指責，美國領導的北約每年為歐洲防務支付大量的費用，德國不僅佯裝制裁俄羅斯，還與俄羅斯「通氣」（意指私下往來）。川普要求北約盟國增加軍事支出，希望德國軍事費用增加到 GDP 的 2%。但是，梅克爾不願意妥協。川普便下令撤離了 2,000 名在德國的駐軍，同時制裁了參與北溪二號天然氣管道計畫的德國能源企業。川普任期內，德國與美國的關係迅速降溫。2021 年，歐洲議會也要求歐盟終止北溪二號計畫，但梅克爾依然反對。

外界批評梅克爾沒能抑制東歐的威權主義和西歐的民粹主義，這威脅著歐洲的價值觀與政治安全。就連她自己也認為，僅做可預測的改變，不實施大刀闊斧的改革，歐盟可能在內外部政治動盪中走向分裂。

2021 年德國大選，「求變」是主要趨勢，基民盟敗北，蕭茲（Olaf Scholz）領導的社民黨將基民盟踢出局，與綠黨、自民黨聯合組閣。「梅克爾式穩定」正隨著梅克爾的退出而降溫，穩定的德國政治將要發生改變，而普丁感受到的是巨大的風險。

蕭茲內閣剛剛組建，在外交上便向俄羅斯及一些國家發出了強烈的訊號。德國政府對北溪二號按下了暫停鍵。對普丁來說，最大的不安來自烏克蘭加入北約的可能性大大增加。2014 年克里米亞危機後，普丁就擔心烏克蘭透過北約來奪回克里米亞和烏東地區。

過去梅克爾對烏克蘭加入北約及歐盟構成一定的牽制。但是，隨著

梅克爾臨近退休，這種牽制越來越弱。

2020年，澤倫斯基領導烏克蘭獲得了北約「增強夥伴國」地位。2021年6月，烏克蘭武裝部隊司令在「增強夥伴國」週年紀念會上稱，烏克蘭加入北約不僅將有助於增強烏克蘭的防禦能力，也有助於北約自身的壯大。烏克蘭外交的策略目標是進一步有效利用這一地位，並最終成為北約正式成員。梅克爾卸任後，普丁選擇先發制人，俄烏戰爭爆發。

到這裡，你會發現，梅克爾是俄羅斯與歐盟關係的脆弱支點。克里米亞危機後，梅克爾與馬克宏在美俄之間的局促空間裡謀求歐盟利益最大化——地緣政治穩定、能源安全與獨立外交。《明斯克協議》是他們看重的獨立外交成果，北溪二號是他們渴望爭取的能源安全。但是，梅克爾卸任後，俄烏戰爭爆發，搖搖欲墜的德俄、歐俄關係破裂。

這也是美國想看到的。這一邊，在俄烏戰爭上，拜登表現得極為淡定，他要做的就是順水推舟，策略是「以烏制俄」、「以俄控歐」。考慮拜登的初衷：首先，拜普視訊會議上，雙方可能交代了底牌，避免俄羅斯與美國的直接軍事衝突；其次，美國不直接出兵，安排澤倫斯基流亡，烏克蘭陷入危局或戰爭，消耗俄羅斯國力；再次，加大對俄羅斯的經濟制裁及政治對立；最後，譴責德法「通俄」，貫徹他的聯合西方策略，強化對北約及歐洲的領導權。如此，成本最小、收益最大。那一邊，只要美國不直接出兵，普丁也願意開啟這場政治豪賭。當然，這並不是說拜登策動了這場戰爭。筆者認為，拜登的選擇，策略上是對的，策略上是錯的。美國需要利用其他策略避免這場戰爭，但拜登無力無心這麼做，而是選擇了順水推舟。

所以，這場戰爭，普丁與拜登最初的預設可能是：美俄各取所需、德法受挫鬱悶、烏克蘭吃虧流血。但是，戰火開啟後，情勢卻不是人能

◆ 後秩序時代：舊秩序崩壞，新秩序未形成

控制住的。俄軍行動進展不及外界預期，澤倫斯基政府抵抗意志強烈，國際民眾紛紛要求歐美支援烏克蘭、嚴厲制裁俄羅斯。這時，歐美國家立即加碼，迅速扔出「金融核彈」，對俄羅斯啟用 SWIFT 制裁。

最開始，德國並不「積極」，試圖阻撓歐盟啟用 SWIFT 制裁俄羅斯，明確表示不提供致命性武器給烏克蘭，只是敷衍式地投送了 5,000 個鋼盔。但是，進攻戰打響的第三天，德國的態度發生了戲劇性的轉變。德國政府迅速改變了對俄策略，甚至改變了國際策略。

蕭茲宣布向烏克蘭提供 1,000 枚反坦克武器和 500 枚「刺針」型地對空飛彈。同時，蕭茲還宣布建立 1,000 億歐元國防基金，將把國防預算提升至 GDP 的 2%。他強調：「在歷史的轉捩點，德國需要建立一個高效、高度現代化、先進的聯邦國防軍，以保衛我們的自由和民主。」

這場戰事將正在謀變的德國政治和還有所顧慮的蕭茲往前推了一把。俄烏戰爭爆發後，德國民意洶湧，超過 10 萬人走上柏林街頭抗議。過去一貫反核的綠黨（執政黨之一）強烈要求降低德國對俄羅斯的能源依賴，甚至不惜重啟核能發電。

這被認為是歷史性的轉變。「二戰」後的德國，經濟崛起、科技強勁、政治示弱、軍事自弱。德國是一個不善變的國家，如今，他們開始謀求政治發言權、軍事崛起，軍事費用投入提升到之前川普建議的水準。這場戰爭降低了梅克爾的歷史地位。有人批評，正是梅克爾的過度謹慎與短視助長了普丁的野心，執掌德國 16 年的她完全可以提升德國的防禦能力，降低歐盟對俄羅斯的能源依賴。甚至，有人製造了兩個名字來解釋德國的這種轉變：「張伯倫・梅克爾」與「邱吉爾・蕭茲」。

在後梅克爾時代，德國需要走出梅克爾主義的舒適圈，必須在歐洲內部政治衝突與國際地緣政治邊緣化上更有作為，以延續社會市場經

濟，以及將其拓展到歐洲整合之路上。但是，德國人和其他歐洲人需要警惕德意志曾經那股可怕的激情政治。這場衝突觸發了歐洲人對安全的擔憂，點燃了歐洲人被「二戰」熄滅的政治情緒，也正在改變國際地緣政治。

02　政治情緒與軍備競賽

德國的轉變讓歐盟的態度更加堅決，歐盟史無前例地同意直接購買並運送武器給烏克蘭。歐盟作為一個經濟政治組織，與北約軍事行動少有交集，但是這次歐盟發展了軍事「後勤」的力量 —— 具備一定的安全防禦作用。這就是澤倫斯基希望「火線入歐」的原因，同樣，這也給歐盟出了一道難題。受此刺激，連喬治亞也提交了入歐申請，未來會有更多國家要求加入歐盟。

在歐洲，法國定會有所行動。作為歐洲政治與安全防衛的主力，法國始終保持著戴高樂（Charles de Gaulle）般的高盧雄雞的驕傲，試圖在美俄國際政治格局中，成為獨立的「第三極」。馬克宏以「歐洲領袖」自居，呼籲打造「歐洲軍隊」。但是，法國沒有足夠的政治與軍事力量建立和捍衛一個龐大的「歐洲合眾國」。

2021年，美英宣布支持澳洲海軍建立核子潛艦部隊，為澳洲建造8艘核子潛艦。澳洲為此撕毀了此前與法國營企業業達成的潛艦大單，令法國顏面盡失，法國外長怒斥此舉是「背後捅刀」。其實，這一事件更深層次的危機是歐洲在地緣政治中正被邊緣化，也是美英策略重返日澳印的一個表現。戰爭開打前，馬克宏與普丁進行長桌會談，馬克宏強調努力阻止戰爭；第二天，拜登與普丁線上會談後，直接打臉馬克宏，拋出入侵消息。這場衝突激發了法國人的政治情緒，法國將會更加努力尋求

◆ 後秩序時代：舊秩序崩壞，新秩序未形成

政治地位，與德國共同打造「歐洲軍隊」。

在歐洲，最不能被忽略的國家是英國。俄烏戰爭中，英國是支援烏克蘭最直接、最迅速的歐洲國家。為什麼？這可能是英國的歐洲權力平衡政策的一種延續。這次也不例外。還有一個原因，英國是一個具有保守主義傳統的國家，這一點很重要。從現實的角度來看，英國脫歐後，英與美加澳新聯合，這五個盎格魯-薩克遜國家對俄羅斯及一些國家發出一致強硬的聲音。這場戰爭後預計英國還是朝這個方向走，強化盎格魯-薩克遜五國的聯合，以平衡德法軍事崛起的歐盟，以及制衡俄羅斯陣營。

除了德法英，歐洲其他國家及中立國的態度也發生了「根本性」轉變。固守了200多年中立立場的瑞士，受到民眾及政黨的壓力，加入了歐盟制裁俄羅斯的行列，包括凍結俄羅斯總統普丁的資產、禁止一些俄羅斯高層與瑞士的往來、對俄關閉瑞士領空。這威脅到俄羅斯能源寡頭的經濟利益。瑞士媒體猜測，俄羅斯八成的石油和天然氣貿易在瑞士進行。這場戰爭讓瑞士公民開始重新考量自己在國際地緣政治衝突中所扮演的固有的中立角色。

另外，長期對北約保持距離的兩個北歐國家芬蘭和瑞典，如今正認真考慮加入北約。1939年，蘇聯要求芬蘭國界退後，建立安全地帶，避免「過於威脅到列寧格勒的安危」。芬蘭拒絕，蘇聯發動了慘烈的蘇芬戰爭。這場戰爭是芬蘭人的歷史傷痕，戰後的芬蘭反蘇又忌憚蘇聯，只能採取中立態度，與蘇聯和北約均保持距離。這就是芬蘭人不想提起的「芬蘭化」。俄烏戰爭喚起了芬蘭人的歷史記憶，進而擔憂芬蘭模式的前景。

瑞典是北歐安防的保衛者，曾在蘇芬戰爭中直接提供武器給芬蘭。

但是，瑞典在兩次世界大戰及冷戰時期都保持著中立。不過，在俄烏戰爭打響時，瑞典迅速地運送了 5,000 套反坦克武器給烏克蘭。

再看南歐。科索沃「國防部長」阿曼德・梅哈吉（Armend Mehaj）表示，在俄羅斯入侵烏克蘭之後，科索沃已要求美國在當地建立永久軍事基地，同時加快其加入北約組織的程序。

普丁原本想阻止北約東擴，但戰事開啟讓歐洲感到空前的恐懼，中立國及小國反而愈加謀求加入北約，尋求美國的軍事保護。

另外，橫跨歐亞的北約國家土耳其躍躍欲試。土耳其與烏克蘭貿易關係密切，同時高度依賴俄羅斯的能源輸入，在這場戰爭中，土耳其表現積極且態度搖擺。土耳其表示不願意制裁俄羅斯，但宣布關閉關鍵的伊斯坦堡海峽和達達尼爾海峽。看到烏克蘭試圖「火線入歐」，土耳其總統埃爾多安（Recep Tayyip Erdogan）也喊著要加入歐盟。這個政治強人經常跟北約吵架，也依仗北約謀求大國地位，與哈薩克等國家組建所謂的「突厥國家組織」。

近幾年，美國的策略正在調整：固守強化歐洲、弱化中東中亞、策略回歸日澳印。美國還是國際秩序的最大主導者，美國的策略轉變深刻地影響著國際秩序。這場戰爭正在往拜登「以俄控歐」的歐洲策略上走：歐洲諸國強化對美國的軍事依賴，德法投入更多軍事費用抗衡俄羅斯，美國好策略抽離到日澳印地區。但是，拜登未必預判到歐洲的民意洶湧以及德國的歷史性轉變。德法軍事崛起，歐洲政治團結，這是不是美國真正想看到的呢？

美國一邊戰術性放棄與區域性撤離中東中亞，一邊不斷地強化與日澳印的連結。

在中東，美國在 2018 年對伊朗實施了 SWIFT 制裁，伊朗出口消

失了80%；川普還狙擊了伊斯蘭革命衛隊的一位將軍蘇雷曼尼（Qasem Soleimani），兩國關係跌入冰點。不過，美國在中東的軍事勢力隨著撤軍而收縮，俄羅斯反而強化了對這一地區的滲透，敘利亞和亞塞拜然表示支持俄羅斯對烏克蘭的軍事行動。如今，俄烏戰爭爆發，對歐美國家威脅最大的就是能源危機，美歐對中東石油的依賴度會大幅度上升。這樣，緩和美伊關係的契機便出現了，伊朗的石油貿易能否打破僵局？

再看中亞，拜登從阿富汗撤軍，中亞留下權力真空，哈薩克立即政變，其總統請普丁派兵清剿政治對手。如此，普丁擴大了對中亞的勢力範圍，阿富汗的鄰國巴基斯坦在俄烏戰爭中支持俄羅斯。不過，有意思的是，普丁進行求援，哈薩克托卡耶夫（Kassym-Jomart Tokayev）總統卻不願承認烏東兩個「共和國」的獨立，拒絕參與俄羅斯針對烏克蘭的特別軍事行動。值得注意的是，哈薩克與俄羅斯簽訂了軍事同盟協議，普丁派俄兵進入哈薩克幫托卡耶夫鎮壓動亂，就是以集安組織的名義。但是，托卡耶夫顯然不想捲入俄烏戰爭。為什麼？

哈薩克自獨立以來，一直堅持中亞平衡策略，與美俄中保持適度關係。另外，作為後蘇聯國家，哈薩克有一個敏感問題，就是民族問題。哈薩克需要防止重蹈蘇聯的覆轍，因民族分裂而導致國家解體。哈薩克境內也有不少非哈族人，而烏東兩個「共和國」獨立的深層次矛盾正是民族矛盾。

美國撤出中亞，俄羅斯乘虛而入，其他國家如何應對中亞變局？中亞對中國非常重要，主要在能源進口與西藏、內蒙古、新疆的穩定上。中國與哈土兩國的能源關係緊密。哈薩克內亂過後，土庫曼總統計劃提早將權力交給兒子。土庫曼是一個存在感很低的「神祕國家」，但向中國輸送的能源規模很大，西氣東輸的天然氣主要來自土庫曼阿姆河。

後秩序時代：俄烏戰爭

再看東亞，先說日本。「二戰」後，作為戰敗國，日本利用一次次亞洲戰爭的機會，如北韓戰爭、越南戰爭，尋求美國的幫助，拓展軍事空間，提升政治地位。有人將德國在俄烏戰爭中的「歷史性轉折」類比為日本當年在北韓戰爭中捕捉到的機會。如今，在美國策略回歸日澳印的背景下，日本不想放棄這場俄烏戰爭創造的機會。日本前首相安倍晉三聲稱，「雖然日本為不擴散核子武器條約加盟國家，持無核三原則」，但是，鑒於俄烏局勢，日本國內應該探討與美國的「核共享」相關問題。這對東亞局勢的穩定構成了威脅，也在衝擊聯合國框架下的核秩序。如今安倍晉三成為細田派的領導人，對日本國會的影響很大。近幾年來，日本民意轉變很快。日本的政治體系是一種派系政治，如今各派系紛紛迎合民意角逐政治地位。

與日本相似，近幾年韓國的民意洶湧與民族情緒高漲。2022年是韓國大選年，如今韓國新總統上任，韓國外交政策即將生變。

東南亞國家比較多，它們組成了「東南亞國家協會」（ASEAN）。新加坡是東協的領導者，這個國家是利用威權主義過渡到開放型國家的典型案例。政治強人李光耀利用新加坡特殊的地緣政治地位，在冷戰及全球化時代實施了有效的大國平衡之術。當年，他多次居中協調，促進了美中關係的加深。在近幾年的某些事件上，新加坡還吃盡了金融貿易外溢的紅利。但是，如今地緣政治衝突愈加激烈，新加坡的迴旋空間愈加狹窄。「大象打架，小草遭殃」，新加坡外交官員發出無奈的喟嘆。他們根據家門口通過的軍艦數量來判斷國際地緣政治的穩定性。2021年，從新加坡海峽通過的軍艦數量較往年增加了1/4，這讓新加坡對亞洲的局勢感到擔憂。

東協新加入的越南最近10多年在默默發大財。冷戰時期，越南夾在

後秩序時代：舊秩序崩壞，新秩序未形成

兩極中間遭遇 20 年的代理人戰爭；之後又糾結於意識形態與歷史包袱，錯過了 1980、1990 年代的全球化浪潮。但是，進入千禧年後，這個國家想通了，賺錢過日子最重要，銳意革新，擴大開放，發展出口製造業。在外交上，韜光養晦，不表態不站邊，與雙方都維持良好關係，承接兩方的資金與技術。即便在疫情之下，越南領導人仍然表示要盡快開放、恢復生產，把握千載難逢的產業轉移機會。

如今的越南是一種典型的東亞模式，它的經濟興起可能帶動東協國家發展。印尼、馬來西亞、菲律賓、泰國把握了 1960、1970 年代的機會率先發展，如今大有後來居上之勢的越南，讓它們看到承接國際產業轉移的可能性。

總體來說，這場戰爭對東協的影響有限。但是，東協國家需要考慮的是，這場戰爭加速了美國策略回歸日澳印，屆時東協國家將成為充滿不確定性的中間地帶。

南亞的核心國家是印度。印度總理莫迪（Narendra Modi）是一個政治強人，推動印度多次爭取聯合國五常席位。他使用的是大國平衡術，利用美國的戰略再平衡和地緣政治事件，同時採購美國和俄羅斯的武器。在俄烏戰爭中，莫迪沒能掌握普丁的意圖，導致未能及時撤僑，但後知後覺的他還是分批把人撤回來了。在這個問題上，印度之前沒有過度介入，還是堅持平衡外交，在安理會上投了棄權票，拒絕為這場戰爭定調，同時呼籲和平解決。在整個亞太局勢中，印度是美俄中一個很微妙的支點。如果印度平衡策略改變，亞太局勢將存在更多變數。

再看澳洲。與日本一樣，澳洲也在利用亞洲的地緣政治問題強化與美英的合作。2022 年 2 月，澳洲舉行了澳英美「三邊安全夥伴關係」以及日美澳印「四邊機制」外長會議。未來，在美國策略回歸的推動下，澳

洲的國際政治力量可能顯著提升。澳洲是亞太日印澳與盎格魯 - 薩克遜五國聯盟中唯一的交集國。

接著看南美。疫情之下，巴西和阿根廷經濟遭遇重創。阿根廷的通膨率居高不下、債務沉重，正在與亞洲大國尋求經濟合作。同時，巴西與俄羅斯合作衝擊聯合國五常席位。不過，巴西和阿根廷難以撼動國際秩序，南美是美國當年走出孤立主義的第一站，它們定然會忌憚美國的「門羅主義」。

03　鐵幕落下與秩序崩壞

最後，最不可預測的就是俄羅斯。

俄羅斯始終是一個謎。30多年過去了，俄羅斯還是一個沒有融入這個世界的邊緣大國。普丁對俄羅斯的邊緣化非常不滿，他認為，西方應該重新考慮並尊重俄羅斯的國際地位。

如今的國際秩序還是「二戰」後建立的秩序。它分為政治秩序與經濟秩序。政治秩序以聯合國為核心，由美蘇英法中五常領導建立，包括全球核武控制等政治事務都在這個組織領導之下，但冷戰之下美蘇在政治上難以協同。經濟秩序主要是布列敦森林體系，其三大支柱為關稅及貿易總協定（現在的世貿組織）、國際貨幣基金組織及世界銀行，它主要由歐美國家建立，蘇聯的計劃經濟一直無法與之融合。。

蘇聯解體後，俄羅斯繼承了聯合國的蘇聯席位，但一直沒能真正融入國際秩序，甚至愈加邊緣化。俄羅斯的策略重心在歐洲，但在到歐洲問題上，軍事上沒能加入北約，政治經濟上沒能進入歐盟。為什麼會這樣？

這裡需要簡單說一下北約的歷史。北約是冷戰的產物，與之對應的

◆ 後秩序時代：舊秩序崩壞，新秩序未形成

一個組織叫華約（華沙公約組織）。1949 年，美國對歐洲實施馬歇爾計畫。為了加強歐洲的軍事防禦，美與英法荷等 11 個歐洲國家組建了北大西洋公約組織，簡稱北約。北約是一個以實現防衛合作為目的的國際軍事組織。這個組織規定，締約國任何一方遭到武裝攻擊時，應將其視為對全體締約國的攻擊。

1954 年，北約吸收德意志聯邦共和國加入，這引起了蘇聯陣營的警惕。第二年，蘇聯與德意志民主共和國、匈牙利、保加利亞等一些社會主義國家組建了華沙公約組織，簡稱華約。華約也是一個國際軍事組織。隨著冷戰的深入，北約與華約都各自吸收成員，雙方的軍備競賽與軍事對抗也日趨激烈。

1991 年，蘇聯解體，冷戰結束，華約也正式解散。歐美國家樂觀地看到了「歷史的終結」，實際上華約國家包括蘇聯內部的聯盟國也希望融入西方。這是當時的社會思潮。

這時候，北約也做出改變。當年的北約國防部會議決定，將「前線防禦策略」轉變為「全方位因應危機策略」；同時，大規模精簡軍隊，削減核子武器，但仍將保持一定的核子嚇阻力量。北約還有一項重要改變就是推行和平夥伴關係計畫，吸收中東歐和前蘇聯的加盟國。這就是北約東擴。

普丁最近提到，在蘇聯解體前夕，美英向蘇聯承諾北約不東擴，但是很快蘇聯就解體了，這件事就不再有人提起，蘇聯內部的聯盟國也開始謀求加入北約。實際上，蘇聯剛剛解體時，葉爾欽（Boris Yeltsin）就與北約領導人討論過加入北約的事宜。

接下來，就是北約東擴的工作。在 1994 年布魯塞爾峰會上，北約與中東歐國家以及俄羅斯建立了「和平夥伴關係計畫」。

1997 年，第一批加入的是波蘭、捷克、匈牙利。

我們特別關注俄羅斯與北約的關係。其實，俄羅斯與北約既有合作也有衝突。1995 年，俄羅斯加入了北約「和平夥伴關係計畫」，簽署了北約與俄羅斯的《雙邊軍事合作計畫》和《定期公開磋商制度框架文件》。俄羅斯還與北約共同建立了北約 - 俄羅斯常設理事會。

不過，1999 年，因為科索沃戰爭，俄羅斯與北約中斷了往來。這場戰爭過後，俄羅斯失去了對南歐的控制力。第二年，北約祕書長訪俄，與俄羅斯恢復了往來。接著，普丁提議，俄羅斯與歐盟、北約共同建立全歐非策略性飛彈防禦系統。但是，當年，波羅的海三國申請加入北約，俄羅斯表示反對。2001 年，普丁首次訪問北約總部，北約祕書長向普丁提交了關於雙方在反恐等領域進行深化合作的一系列建議。

但是，隨著反恐戰爭的深入，普丁與北約的分歧與嫌隙越來越大。九一一恐怖攻擊改變了國際地緣政治情勢，中國支持美國反恐，美國支持中國「入世」，美中關係一度進入「蜜月期」。但是，俄羅斯的處境大為不同。小布希 (George Walker Bush) 政府接連發動了伊拉克戰爭和阿富汗戰爭，北約軍事費用開始上漲，勢力往中東、東歐、中亞大力滲透。2004 年，北約第二次東擴，一口氣吸收了 7 個國家，成員國擴大到 26 個。

這讓普丁感受到了危機，眼睜睜地看著鄰國紛紛倒向北約，相互合作；而北約似乎從俄羅斯的潛在夥伴也變成了敵手。有人提出，俄羅斯也可以加入北約啊。

這是問題的關鍵。普丁最近透露，他在 2000 年向美國總統柯林頓 (Bill Clinton) 提過：美國將如何接納俄羅斯加入北約？但是，柯林頓的回答很溫和：我不反對。

◆ 後秩序時代：舊秩序崩壞，新秩序未形成

　　為什麼俄羅斯沒能加入北約？一種說法是俄羅斯不具備加入北約的條件，另一種說法是歐美人對喬治亞慈父心生歷史忌憚，還有一種解釋是北約對軍力強大的俄羅斯有所顧忌，普丁不肯削減規模龐大的核子武器。因為缺乏真實資訊，無法分析其中緣由：俄羅斯是否提交過加入北約的正式申請？雙方有沒有認真談過？曾有過幾輪談判？分歧點在哪裡？最後為什麼失敗？主要問題在北約還是在俄羅斯？

　　總之，俄羅斯沒能加入北約，北約又步步東擴，一些國家傳統勢力紛紛倒臺，這讓普丁的心態從擔憂、警惕轉變為惱怒、攻擊。2008 年開始，他在喬治亞、敘利亞等頻頻主動出擊，同時強化了軍事同盟集體安全條約組織的力量，但似乎都無力阻止北約東擴。最終，烏克蘭成為他的底線。普丁在 2014 年烏克蘭親俄政府倒臺後主動出擊，控制了克里米亞及烏東地區。這是俄羅斯與北約關係的轉捩點，北約與俄羅斯中斷了正常合作關係。德國梅克爾卸任後，俄羅斯與歐盟的脆弱關係斷裂，普丁開啟了這場政治豪賭。

　　另外一個巨大的疑問是：俄羅斯經濟為什麼沒能融入全球化？如果俄羅斯深入了國際分工體系，今天這場戰爭不可能發生。全球化可以使大量的外資與技術進入，促進整體產業發展，但是，這種火熱的自由市場與國際分工體系沒能在俄羅斯生長。問題出在哪裡？

　　原因是多方面的，有三點可能很關鍵：

　　一是蘇聯半個多世紀的計劃經濟扼殺了自由市場啟蒙的要素，如企業家精神。

　　蘇聯是世界上唯一一個徹底進行過計劃經濟的國家，這可以說是一次人類計劃方式的重大社會實驗。蘇聯將計劃經濟變成一個精密控制系統，在棉花、糖果、石油等每個領域都成立了核算部門。到 1980 年代，

僅物資供銷機構的商品平衡表就超過 1 萬個。這種納入所有人與物的徹底的計劃模式扼殺了幾代蘇聯人的冒險、自由、開放與創新精神。你無法指望一個長期處在計劃體系內的人去創業。當時蘇聯流傳一句話：「他們假裝給薪水，我們假裝在工作。」

二是「尤科斯事件」後，俄羅斯發展國家資本主義，陷入「能源陷阱」。

1998 年俄羅斯爆發了經濟危機，之後採取改良主義，經濟逐漸復甦。轉捩點是 2003 年的「尤科斯事件」。俄前首富米哈伊爾‧霍多爾科夫斯基（Mikhail Khodorkovsky）被逮捕，接著俄羅斯的石油天然氣被國有化。從 2004 年開始，普丁實施國家資本主義，大規模重啟國有化，經濟系統官僚化，打擊了自由市場。但是，俄羅斯經濟卻快速成長，一直延續到 2008 年金融危機前。為什麼？在這一階段，國際油價大規模上漲，俄羅斯經濟學家認為，油價上漲對俄經濟成長的貢獻率最高達到一半。如此，俄羅斯出現了一種繁榮假象，2008 年金融危機爆發，國際油價下跌，俄羅斯陷入「資源詛咒」，而普丁政府對石油天然氣的依賴越來越大。

三是 2014 年克里米亞危機後，歐美國家經濟制裁俄羅斯，接著盧布崩潰，出口貿易下降，經濟陷入長期停滯。俄羅斯除了能源、金融外，基本與國際市場脫鉤，無緣國際產業分工體系。

關於俄羅斯，還有一個重大的謎團就是普丁本人。蘇聯解體後，俄羅斯實施了一系列的政治民主改革，但普丁卻能長期執政。不得不說，普丁具有相當強的政治掌控力。很多人將普丁戲稱為普丁大帝，也有人將其定義為政治強人。這也是蘇聯內部聯盟國的一個普遍特點，白俄羅斯總統盧卡申科（Alexander Lukashenko）執政快 30 年，哈薩克前總統執政 18 年。

◆ 後秩序時代：舊秩序崩壞，新秩序未形成

　　1980 年代，政治學上興起了一個新概念叫 Authoritarianism（威權主義）。與君主獨裁者、極權主義者不同，這種政治強人是全球化時代一種特殊的存在，他們有兩個鮮明的特點：政治上強勢、經濟上開放。像韓國的朴正熙、新加坡的李光耀、智利的皮諾切特（Augusto Pinochet）、土耳其的埃爾多安，還有俄羅斯的普丁，都被認為是這種政治強人。海耶克（Friedrich Hayek）、傅利曼（Milton Friedman）等一些學者認為，Authoritarianism 具有一定的進步意義，它的擁護者們是一個個封閉國家轉型成為開放國家的過渡性人物。

　　但這是一種不可靠的經驗。「二戰」和經濟全球化打破了人類政治制度與技術力量之間的平衡演進過程。「二戰」大幅度提升了武器級別，如核子武器，「二戰」後的落後國家誰能掌握凶器，誰就能夠控制這個國家。這成就了一批政治強人，比如朴正熙。而在全球化時代，這些政治強人開放市場，又獲取了大量先進的技術與資本。而海耶克、傅利曼的樂觀觀點在於，全球化及自由市場會倒逼他們實施政治改革。

　　但是，改革本質上是一種權力贖買的過程，政治強人是否改革取決於改革的預期收益與損失，即貼現率。1990 年代與 21 世紀前十年是世界政治民主前進的 20 年，但是 2008 年金融危機後，民粹主義和「右翼」勢力崛起，世界政治民主倒退，一些國家回歸政治強人領導，一些政治強人按下了國家前進的暫停鍵。

　　很多人不明白，伊朗等少部分國家為什麼不開放而要關門搞核子武器。實際上，它們的領袖看得更遠，只有掌握了終極殺器核子武器，它們在未來的開放路上才能進退有據，不至於丟失血統。這次震盪再次重燃了一些國家對核子武器的渴望。俄羅斯陣營中的拜把兄弟——白俄羅斯，修改了憲法，擺脫無核、中立的限制，希望成為擁核國家。俄羅斯

後秩序時代：俄烏戰爭

的飛彈及核子武器很可能部署到白俄羅斯。白俄羅斯總統盧卡申科前些年差點被趕下臺，普丁拯救了他的政治生命，如今他也謀求核子武器來保護自己的政治遺產。接下來，白俄羅斯也將面臨嚴厲的經濟制裁，成為俄羅斯陣營中的重要力量。

未來的俄羅斯是難以預測的。在嚴厲的制裁下，俄羅斯可能會徹底與國際社會強制脫鉤，俄羅斯內部無疑將萌生諸多變數，而俄羅斯最大的變數就是普丁。

需要注意的是，俄烏戰爭開啟了很多先例。全球化時代，金融制裁、武器援助、社群媒體交鋒、衛星系統加入、跨國公司撤離、凍結國外資產、國際志願參戰團、體育運動國際組織介入等，都將成為未來戰爭的一部分。在這個個人利益相互交錯的時代，戰爭的外部效應、擴散影響大大增加，戰爭爆發、股票大跌、油價上漲，將傷害到無數人的利益。於是，全球化的一般民眾都站出來希望以自己的方式阻止或影響戰爭。事實上，他們的確也產生了重大的影響。如此，未來的戰爭該怎麼打？還能不能打？

俄烏戰爭是戰爭技術演進的一次檢閱──雖有限但可以見微知著。很可能，如今正處於戰爭技術代際更新的前夜。除了核子武器，「二戰」時期的「鋼鐵洪流」大規模殺傷性武器將徹底為資訊、智慧、空間等新技術所淘汰。新技術將改變戰爭模式，改變「二戰」以來的傳統政治勢力。最後，讓我們大腦中出現一個地球儀：歐洲空前團結，德國軍事崛起，諸國謀求加入北約歐盟；美國策略重返日澳印，美英加澳新組成盎格魯-薩克遜五國聯盟，日澳印緊密聯合；俄羅斯的不確定性增加，俄白哈組成的集安組織或將強化。如此，政治情緒點燃，軍備競賽開啟，擁核動機增加，日德印巴衝擊五常，兩大陣營對抗加劇，地緣政治不確定性陡

◆ 後秩序時代：舊秩序崩壞，新秩序未形成

增，國際秩序搖搖欲墜。

拜登是現存國際秩序的捍衛者，普丁是挑戰者，川普是攪局者。拜登與普丁是兩個平行世界的人，拜登是歐美左派政治家的典型代表，出身平凡，足夠努力，堅持政治信用。在蘇聯解體問題上，拜登以政治信仰的勝利者自居。普丁則正好相反，結合普丁當時的年齡和特務工作，蘇聯解體可能對他信仰的打擊很大。他未必想恢復俄羅斯帝國，但對蘇聯解體必定耿耿於懷，如今古稀之年行「未竟之事」。與拜登相比，川普與普丁存有更多共識：強人互賞，不滿秩序 —— 但各自訴求與信仰不同。這個國際秩序的癥結在哪，又為何會崩潰，只能留到下篇。

這場衝突正在改變世界，改變我們。

後秩序時代：川普效應

西邊俄烏戰火依舊，東邊選出新一任韓國總統，亞太地緣政治再添變數。

2022年3月10日，韓國國民力量黨候選人尹錫悅險勝李在明贏得總統大選。尹錫悅曾任韓國檢察總長，辦過前總統李明博受賄案和朴槿惠「親信門」案，但在韓國政壇上還屬政治新人；這位保守派政治新人立場鮮明、親美排中、作風強硬、人狠話多，人稱「韓國川普」。

自川普執政以來，一些國家政壇頻現「川普」，日趨「川普化」：巴西的波索納洛（Jair Bolsonaro）、英國的強生（Boris Johnson）、韓國的尹錫悅、日本的高市早苗、法國的澤穆爾（Eric Zemmour）。他們身上存在一些共同特點：政治素人、立場保守、言行出格、善用社群、國家主義、反建制派及既得利益者、挑戰全球化舊秩序，其支持者多為舊秩序的受害者、受挫者及反抗者。他們就像一群蠻牛闖進了一家精美奢華又藏汙納垢的瓷器店⋯⋯這股正在崛起的政治力量，攜帶強大民意與社會思潮，衝擊著失衡的全球化秩序。

全球化舊秩序為何崩壞？「川普們」和「普丁們」分別以何種方式及目的衝擊國際秩序？本部分將從全球化失衡的視角，洞察川普效應與俄烏戰爭，解釋國際舊秩序的崩壞。

01　川普效應

俄烏戰爭引發了歐洲「二戰」以來最大的地緣政治震盪，同時也引發了人們對亞太地緣政治的擔憂，亞太地區股市如臨大敵，與歐洲股市齊跌。

如此背景下，韓國這場大選備受關注。國民力量黨候選人尹錫悅得票率為48.56%，文在寅的支持者李在明得票率為47.83%，尹錫悅僅以高出對手0.73個百分點、25萬張票的微弱優勢成功入主青瓦臺。這是韓國史上競爭最激烈的一次總統選舉。

尹錫悅現年61歲，但是一位政治新人。他在2017年受文在寅破格提拔，成為文在寅打擊財閥政治的一把「利器」。尹錫悅擔任首爾中央地方檢察廳廳長後，拘捕了朴槿惠、崔順實和三星電子副會長李在鎔，還負責調查「李明博貪腐案」，將李明博判處入獄。

2019年，文在寅再次破格提拔尹錫悅為韓國檢察總長以資嘉獎。但是，文在寅沒法控制這把「利器」，尹錫悅調查文在寅內閣成員，兩人最終反目，尹錫悅辭去韓國檢察總長職務，加入最大在野黨國民力量黨參加總統競選。這次大選，文在寅和李在明都沒能阻止尹錫悅的崛起。

尹錫悅是韓國政壇的保守派，對內支持經濟自由，對外立場明確、態度強硬。他在2022年2月的國際外交專業雜誌《外交》（Foreign Affairs）上發表了題為〈韓國需要起飛〉的文章。尹錫悅在文中表態：「在文在寅政府時期，韓國遠離了長期的同盟美國，倒向了中國。對於能就美中之間主要焦點問題明確表明立場的問題，韓國也保持沉默，表現出模糊的態度，實際上並非與美國站在同一邊，而是傾向於中國，對此韓國要力求改變。」

中韓關係一度因「部署薩德薩德飛彈防禦系統事件」跌入谷底，2017年文在寅執掌青瓦臺後對中國承諾「三不」：不追加「薩德」系統、不加入美國反導彈系統、不發展韓美日三方軍事同盟。尹錫悅上臺可能會打破文在寅的平衡模糊外交政策。尹錫悅曾表示想發展韓美全面策略同盟關係，希望加入美日印澳「四方安全對話」（Quad），還主張在薩德系統、

戰術核子武器方面與美國加強合作。實際上,在發表勝選演說僅5小時後,尹錫悅就與美國總統拜登通話,後者承諾防衛韓國並加強合作。

在俄烏戰爭爆發後,亞太地緣政治的不確定性預期在資本市場及社群媒體中蔓延。一些人擔心,這「0.73個百分點」可能加速國際秩序的崩壞。這場大選反映出韓國政治的一些變化:

一是韓國政治熱情高漲,在疫情之下大選最終投票率達到77.1%,比上一屆高出7%。二是韓國選民觀點對立、立場分裂,韓國資深政治家金鐘仁說,「兩人得票率只相差0.73個百分點,國家似乎一分為二了」。三是韓國選民民族主義情緒濃厚,年輕選民目光投向亞太地緣政治。

文在寅可能是這場國際秩序轉變的過渡式人物。文在寅作為民選總統上臺後打擊財閥總統延續了青瓦臺詛咒。但是,韓式鬥爭還沒波及對外關係,文在寅繼續支持著國際舊秩序。美國是韓國穩定的政治盟友,中國是韓國最大的貿易夥伴。但是,最近兩年,新冠肺炎疫情、俄烏戰爭及一些特殊事件加劇了韓國民意轉向與民族情緒,並對外投射到朝韓、中韓、韓美關係上。考慮到25萬張票的些微差距,俄烏戰爭可能助攻了「韓國川普」。這場衝突加劇了國際政治對立,導致文在寅、李在明模糊外交空間變窄,尹錫悅「選邊站」主張乘勢而起。

2016年美國大選,極少人意識到川普的「意外」勝出將掀起國際秩序的巨浪。歐巴馬(Barack Obama)也是一個過渡式人物。2008年金融危機爆發後,美國選民對中國爾街極度不滿,這位年輕的黑人政客被寄予脫胎換骨的厚望。但是,歐巴馬花了大錢卻沒什麼成就。這期間,俄羅斯觸發了克里米亞危機,美中關係也在變化,但歐巴馬僅維持舊秩序,加速了美俄關係惡化。

更嚴重的是,歐巴馬和聯準會柏南奇(Ben Bernanke)大規模擴張貨

幣與財政，進一步惡化了舊秩序和擴大了貧富差距。美國明尼亞波利斯聯邦準備銀行研究顯示，2008年金融危機後，10%最富有的美國家庭最先走出陰影，金融資產受益於貨幣擴張而增加；而數量最多、收入較低的美國家庭在金融危機後一蹶不振。

2016年，美國選民對舊勢力徹底失望，他們先拋棄了共和黨建制派候選人、布希家族的傑布·布希（Jeb Bush），後拋棄了民主黨建制派候選人、柯林頓家族的希拉蕊（Hillary Clinton），一位政治素人川普就這樣上臺了。此後短短4年，川普旋風席捲世界政壇及社群媒體。

川普塑造了一個全新的政治角色：政治素人、言行出格、作風強勢、善用社群媒體；推行了一種令人不太適應的社會思潮（川普主義）：立場保守、國家主義、反全球化舊秩序、反建制派及既得利益者。

川普絕對不是一個特例，而是2008年金融危機後爆發的一種社會思潮與國際政治現象，被稱為「川普效應」。川普之後，一些國家政壇湧現「川普」，或者「川普化」。

巴西總統波索納洛是川普的成功效仿者，他的「巴西優先」口號直接複製了川普的「美國優先」，他同樣善用社群媒體發表煽動性語言以獲取選民支持。尹錫悅也與川普有很多共同點，如均為政治新人，且立場保守。還有日本政要高市早苗，政治主張極端，被認為是日本女版川普。

再看法國的艾瑞克·澤穆爾。法國大選即將拉開，這位「法國版川普」被認為是可能打亂法國政壇的重要人物。澤穆爾現年63歲，也是一位政治素人，他從來沒有擔任過一官半職，早年是暢銷書作家、時事評論員、電視主持人，他善玩社群媒體，經常語出驚人，是法國人氣頗高的當紅人物。從2021年7月開始，澤穆爾參選的民調支持率一路飆升，目前緊逼馬克宏。

俄烏戰爭改變了德法民意，德國發生「歷史性轉變」，如果澤穆爾上臺，法國的行動可能要比正在謀變的德國激進得多。

「川普們」——這股被金融危機啟動的政治新勢力，擁有一批堅定的支持者，他們善用社群媒體表達選民訴求、賺取選票，在新冠肺炎疫情、俄烏戰爭的刺激下正在迅速崛起；反觀國際秩序舊勢力、建制派及既得利益者，在國際政治上則正在退縮、垮臺。

02　全球化失衡

川普效應為何出現？

如果不是2008年金融危機爆發，年邁的川普可能根本沒有機會；要不是歐巴馬令選民失望，川普也沒有機會。但仍可能會出現「類川普」人物。為什麼？川普的出現，有著深層次的原因，那就是全球化失衡。

川普的支持者是誰？除了共和黨的基本盤外，川普「鐵粉」主要是藍領工人、農民、本地中小企業主、商人。他們有什麼共同點？多為白人，信仰基督教，捍衛美國利益，擁護傳統價值觀，反對移民、同性戀、極端女權主義與極端環保主義。在經濟上，他們有一個共同特點：全球化失衡的受害者、受挫者和邊緣人。

接下來，我們從經濟角度著手理解國際秩序瓦解。當今世界的國際秩序是「二戰」後建立的政治軍事與經濟秩序。政治軍事秩序包括聯合國以及後面形成的區域性聯盟，如北約、歐盟等。凱因斯（John Maynard Keynes）、羅賓斯（Lionel Robbins）參與了布列敦森林體系建立。

此後半個多世紀，這個經濟體系大幅地推動了自由市場秩序的全球化擴張：日德戰後崛起，歐洲走向共同體，資訊革命爆發，跨國公司擴張，金磚五國興起，「中美國」（Chimerica）概念誕生。但是，2008年金

◆ 後秩序時代：舊秩序崩壞，新秩序未形成

融危機爆發，全球化秩序遭遇推倒重來的風險。為什麼？

因為這個全球化經濟秩序並不完美，它是一個失衡的秩序。

第一，金融體系。其實，布列敦森林體系的金融體系（金本位和固定匯率）在1971年已經瓦解了。特里芬（Robert Triffin）教授認為，這個體系藏著一個不可調和的「特里芬困境」。簡單來說，一個國家不可能同時出口貨幣和商品，必須二選一。1960年代開始，美國大規模出口美元、進口商品，貿易赤字增加，加上越南戰爭擴大了政府赤字，美國從淨債權國變成了淨債務國，最終擊潰了美元信用。

從根本上來說，這是信用貨幣制度的問題，是國家資產負債表危機。信用貨幣是一國資產的證券化，屬於國家發行的債務；出口賺取的外匯相當於國家（人民）的資產。在國家資產負債表中，貨幣出口多、商品出口少，相當於負債端擴張、資產端緊縮，最終走向崩解。

1971年後，國際金融體系實施浮動匯率和信用貨幣本位制，但因為還是信用貨幣制度，國家資產負債表的「特里芬困境」依然存在。它導致國際貿易經常收支嚴重失衡，千禧年之前美國大逆差、日德大順差，之後美國繼續大逆差、中國大順差。注意，國際貿易失衡對兩國均不利。

第二，信用貨幣制度。信用貨幣制度還造成了另外一大惡果，即信用貨幣過度發行。布列敦森林體系時，貨幣制度是金本位貨幣，貨幣發行還受黃金硬約束。但是，1971年該體系崩潰之後，信用貨幣制度誕生，貨幣發行約束軟化。在千禧年之前，聯準會主席沃克（Paul Volcker）與葛林斯潘基本上控制了貨幣政策。但是，網路泡沫危機和九一一恐怖攻擊之後，葛林斯潘放寬貨幣政策，釀成了2008年的金融危機。這場危機的始作俑者是聯準會，根本原因是信用貨幣制度。

第三，貿易規則。關貿總協定後來演變為世界貿易組織，這個組織

毫無疑問地推動了貿易自由化及經濟全球化。但是，最近30年，世界貿易組織的改革落後，其很多規則不如歐盟自由貿易協定和全面與跨太平洋夥伴全面進步協定（CPTPP），對破除不公平貿易、保護主義及勞動力流通障礙的行動遲緩。這就導致一部分人在國際貿易中獲益，另一部分人則利益受損。

注意，這裡並不是否定全球化與自由市場，而是指出當前全球化秩序存在的問題。2008年金融危機是全球化失衡的一次總爆發，它改變了「二戰」以來的全球化進程。危機爆發後，這個秩序不但沒有得到修復，反而在各國貨幣寬鬆政策下持續惡化，進而引發了一系列社會危機：金融危機、債務高築、通膨惡化、國家衝突、去全球化、貧富差距擴大、民粹主義崛起……

我們需要抓住一條主線：全球化失衡導致全球貧富差距擴大。一端是全球化失衡秩序的既得利益群體，他們主要是跨國集團、金融大廠、科技企業、能源寡頭、房地產大企業等。他們的政治力量是全球建制派勢力──建制派並不是美國獨有的，而是一股跨越在美歐亞太上空的強大勢力，他們是全球化失衡秩序的制訂者和堅定捍衛者。他們的經典合作是：歐美的央行印鈔機、跨國公司的廉價資本與先進技術，以及非歐美國家過人的政治力量、豐富廉價的生產資源。比如，美國華爾街＋沙烏地阿拉伯石油寡頭、跨國公司＋韓國財閥、德國基民盟＋俄羅斯石油寡頭。他們享受了貨幣過度發行的紅利、非自由競爭規則的紅利以及亞非拉地區各種資源紅利。他們的好日子可以用「東賺西用」來形容：在東方賺錢，在西方享受。

另一端則是失衡秩序的受害者、受挫者，他們主要是歐美國家的製造業工人、本土中小工商業主、城市中產階級，以及亞非拉地區「享受」

◆ 後秩序時代：舊秩序崩壞，新秩序未形成

各種紅利的工人、飽受工廠汙染的民眾、背負高房貸的城市中產家庭。全球貨幣過度發行洗劫了他們的財富，一群中產階級的財富規模因債務而塌縮。問題最嚴重的是「資本全球流動、勞動者被限制流動」，跨國公司在全球追逐利益，尋求政治保護和經濟壟斷的紅利，但是在地中小企業和勞工只能在原地破產和失業。如此，跨國資本與本土勞動者的收入差距持續擴大，成為最近20年全球貧富差距擴大的主要趨勢。

這就是全球化舊秩序的主要矛盾：全球建制派及其既得利益群體與失衡秩序受害者、受挫者之間的矛盾。這一矛盾往往為刻意鼓譟的國家衝突所淹沒。它是理解當今世界動盪局勢的主線。

在美國，兩黨政治勢力在蘇聯解體後在失衡的全球化浪潮中迅速分化。民主黨向左依次分化為建制派、溫和派、進步派和激進派（極左），共和黨向右依次分化為建制派、新保守派、保守派和川普主義者（極右）。其中，民主黨建制派以柯林頓家族為代表，共和黨建制派以布希家族為代表。蘇聯解體至今30多年時間，除了川普執政4年，這兩個家族及其建制派完全主導了白宮。兩黨的建制派之間達成合作默契，與全球跨國大廠以及一些亞非拉國家的政治勢力共同捍衛這個失衡秩序。有意思的是，川普家族被稱為「二戰」後紐約的建設者，但沒能進入建制派的華爾街圈子。這顆「遺珠」成了今天全球建制派最大的挑戰。

如此，美國的政治生態發生了改變：從單一派別演變為以身分政治為劃分的眾多派別；從兩黨平行競爭演變為三角結構鬥爭。這就是美國全新的政治生態。

法蘭西斯・福山（Francis Fukuyama）撰寫了一本書叫《身分政治：民粹崛起、民主倒退，認同與尊嚴的鬥爭為何席捲當代世界？》（*Identity: The Demand for Dignity and the Politics of Resentment*），用來描述美國及全

球的政治分化，他說如果不是因為川普上臺他不會寫這本書。扭曲的全球化和糟糕的貨幣政策導致了利益分化和市場失靈，民眾只能以政治身分的抱團方式來謀求利益。

川普主義者一邊要對抗兩黨聯合的建制派勢力，另一邊還要對抗民主黨極左勢力進步派和激進派。如何團結大多數？川普跳出了黨派局限，敏銳地捕捉到美國人在歷史上很少關心的一種政治身分：國家主義——「美國優先」。

正如福山所說的，儘管貧富衝突巨大，但階級身分在美國已經沒有了市場。川普用「美國優先」的國家主義正好對上全球化舊秩序，在意識形態上輕按兩下對手：建制派新保守主義在經濟上的世界主義和民主黨極左勢力在政治上的世界主義。

03　舊秩序崩壞

經濟秩序的崩潰導致了國際政治秩序的崩壞。這是邏輯國際秩序崩壞的主線，即金融危機──經濟秩序崩潰──反建制運動──內部建制政治勢力倒臺──外溢到國家衝突──衝擊國際政治秩序。

川普上臺後扮演了「秩序破壞者」的角色，他積極退出組織，如退出《巴黎協定》，對中國發起經貿制裁，讓世貿組織仲裁機構停擺，試圖推動「三零」（零關稅、零障礙、零補貼）貿易協議，拒絕支付世界衛生組織的營運費用，多次數落北約成員國，指責德國出錢少還「通俄」。川普向國際政治秩序投下了一顆顆震撼彈，過去穩定的美中、美歐關係立即降溫。

為什麼川普對國際政治衝擊這麼大？

儘管川普的動機是維護美國利益，但其行動所挑戰的不僅是美國民

◆ 後秩序時代：舊秩序崩壞，新秩序未形成

主黨極左派，還是兩黨建制派及其既得利益者捍衛的全球化舊秩序。川普在美國的反建制的單獨行動，容易引發國家與國家之間的衝突，更易被解讀為國家矛盾、意識形態對立。

只是新冠肺炎疫情的爆發暫時沒收了川普的大棒，民主黨人拜登借郵寄投票入主白宮。這場大選是美國歷史上最具爭議、鬥爭最為激烈的大選之一。整個美國的政治情緒都被這場大選點燃了，兩黨建制派勢力聯合民主黨激進派、進步派，啟動矽谷社群媒體力量，一起合力扳倒了川普。至此，這場建制與反建制的鬥爭達到了區域性高潮。

拜登是全球化舊秩序的典型捍衛者，他一上臺就讓美國重返《巴黎協定》，實施聯合西方世界策略，推行世界主義價值觀，重塑美國的國際領導權。世界似乎又要回到舊秩序的框架中，但新冠肺炎疫情、能源危機、通貨膨脹和俄烏戰爭正在改變各國民意、加劇世界分裂、重啟川普主義，正在擊碎拜登的「美國夢」。

先說英國。英國是一個具有保守主義傳統的國家，政治突變不是唐寧街的風格。但是，金融危機觸發的歐債危機著實改變了歐洲的民意，民粹福利主義興起，同時分離主義傾向加劇，一些人反對歐洲整合和歐元。

這加快了英國脫歐的步伐。英國前首相德蕾莎・梅伊（Theresa May）是政治妥協的結果，同樣也是一位過渡式人物。她含淚辭職後，頭髮蓬鬆的鮑里斯・強生登場了。這位保守黨黨魁與川普有些像政治上的孿生兄弟，川普稱強生為「英國川普」，還說強生當選有他的功勞，因為他在英國很受歡迎。強生很快主導了英國硬脫歐，策略上迅速倒向美國，與加澳新一起組成盎格魯-薩克遜聯盟。

再說德國。艾哈德、柯爾與梅克爾領導的基民盟是德國崛起的締造

者，也是歐洲整合秩序的建構者。梅克爾是過去十多年歐盟的中流砥柱，她堅決維護歐洲團結，阻止深陷債務危機的希臘退出歐元區，但此舉引發巨大爭議。梅克爾是一個勇於強硬對抗川普的政客，但她與拜登應該是守衛舊秩序的完美二人組。拜登上臺後解除了之前川普因北溪二號對德國能源企業的制裁。梅克爾還與普丁、新興經濟體維持著固有的穩定關係。

但是，2021年大選，穩定的德國民意悄然生變，年輕選民開始拋棄梅克爾的穩健與折衷主義，他們更關心德國在歐洲地緣政治上的不同表現。結果，勝出的中左翼社民黨與左翼綠黨、自民黨組閣，聯邦黨被踢出局。德國政治趨於碎片化和不穩定，極右翼政黨另類黨崛起獲得了10%選票，該政黨反對歐盟、反對歐元、反對移民、反對穆斯林、反對新能源政策，主張民族主義和保護德國。

俄烏戰爭推了一把正在謀變的德國政治，德國出現了歷史性轉折，新總理蕭茲宣布德國將打造一支強大的軍隊。前北約高級指揮官史塔萊迪（Admiral James Stavridis）對此表示：「我曾擔任北約盟軍最高指揮官四年，在每次會議上都找到梅克爾，希望德國增加國防開支，但一無所獲，普丁僅在48小時內就實現了。」德國軍事崛起定然會衝擊目前聯合國的政治格局。

再看法國。馬克宏是典型的過渡式人物，他上臺的緣由與歐巴馬如出一轍。馬克宏年輕帥氣，娶自己的老師為妻，一副改革派的形象。但是，他上臺後與梅克爾小心地維護著歐盟秩序。俄烏戰爭引發了歐洲地緣政治危機，重新點燃了歐洲人的政治情緒。這場戰爭有可能如韓國大選一樣給予澤穆爾「神助攻」。假如「法國川普」參選且勝出，那就意味著全球化的反抗者再下一城，將進一步攻陷歐洲政治舊秩序。

後秩序時代：舊秩序崩壞，新秩序未形成

接著是日本。近幾年，日本民意日趨高漲，逐漸波及外交領域。首相岸田文雄打著「新資本主義」的口號上臺，贏得了舊秩序反對者的支持。他在《文藝春秋》雜誌發表的〈邁向新資本主義〉中批判新自由主義擴大了貧富差距，承諾將致力於打造「成長與分配的良性循環」。岸田文雄其實批判錯了對象，目的則是打擊安倍及其細田派。

2008年金融危機爆發後，日本流行所謂的安倍經濟學——財政擴張和貨幣擴張（非新自由主義，而是凱因斯主義）。此舉擴大了原本不大的日本的貧富差距，導致日本經濟呈低成長、低通膨、高泡沫、高債務的「日本化」趨勢。這就是全球化舊秩序的問題。安倍及其細田派在外交上給予反擊，主張選邊站外交，加強美日同盟，對亞太說狠話，還要與美「核共享」，試圖讓岸田文雄親美維中的模糊路線無路可走。俄烏戰爭引發人們對亞太地緣政治的擔憂，岸田文雄或不甘「落後」，在外交上與安倍比狠。

接下來是韓國。韓國財閥是舊秩序的產物，是韓國威權主義朴正熙政府與國際資本合作的結果。1988年韓國進入民主化時期，民選總統開始與財閥進行血腥鬥爭。文在寅起用尹錫悅「手刃」李、朴兩位總統，但文、尹兩人很快反目。尹錫悅在首爾贏過李在明25萬張票，這決定性的微弱票數可能來自首爾年輕人對房租、房價上漲的不滿。文在寅在大疫之下擴張貨幣，這一舊秩序的玩法損傷了民意。如今尹錫悅上臺，「青瓦臺詛咒」可能擴及到亞太關係上。

再看美國與拜登。美國是國際秩序改變的最大變數。拜登試圖恢復搖搖欲墜的舊秩序，但被困在政治身分分裂的三角政治生態之中，陷入貨幣過度發行引發的高通膨與俄烏戰爭加劇的金融脆弱導致的停滯性通膨泥淖之中。拜登上臺啟用老辦法發貨幣借錢送福利，結果通膨爆棚、

債務膨脹。高通膨是信用貨幣失控的終結者，這場通膨意味著舊秩序貨幣擴張的操作逼近極限。

外交上，令人困惑的是拜登領銜的建制派為何沒有與新興國家修復關係。權力更替與川普給舊秩序中脆弱的國家關係劃開了一道裂痕。新冠肺炎疫情與特殊事件讓美國進步派與激進派的政治情緒熊熊燃燒，如今拜登的建制派外交完全被這種火焰吞噬。2022年美國中期選舉，如果民主黨丟掉眾議院或兩院，川普很可能在2024年捲土重來。畢竟，川普主義已深耕美國。

目前，舊秩序與反舊秩序這兩股勢力處於激烈交鋒之中：

第一，利益分化嚴重。貧富差距、經濟衝突導致內部政治高度對立、社會嚴重分裂。在年齡上，年輕人與老年人對秩序更為不滿，中年人還可能是過去經濟全球化、貨幣過度發行與房價上漲的受益者。尹錫悅激進支持者是20～29歲的年輕人和60歲以上的老年人，他們催生了如今國際舞臺上流行的素人政治和老人政治。

第二，政治情緒高漲。川普們與傳統建制勢力短兵相接、水火不容，這大大點燃了各國的政治情緒，各國大選的投票率均上漲，支持者分別在社群媒體上、街頭遊行時「火拚」。這場反建制運動又加劇了國際衝突，政治情緒夾帶著民族主義傳導到國家鬥爭中。土耳其、印度、韓國、越南、波蘭被戲稱為「YouTube五常」，五國網友在社群媒體搶奪發言權。

第三，不能忽略了烏克蘭與俄羅斯。烏克蘭與俄羅斯的邏輯不同於以上國家，它們沒有完全融入全球化舊秩序之中。蘇聯解體後，經濟全球化迅速發展，歐洲快速走向整合，東歐及蘇聯內部聯盟國家融入這個秩序是當時的主流思潮。烏克蘭試圖加入歐盟與北約，但均未如願，澤

◆ 後秩序時代：舊秩序崩壞，新秩序未形成

倫斯基似乎是川普和拜登的結合體，這位政治素人用川普的方式謀求加入拜登捍衛的舊秩序。

拜登是舊秩序的捍衛者，川普是攪局者，普丁是挑戰者，川普與普丁的共識是均對國際秩序不滿。不同的是，普丁最初希望加入全球化舊秩序，但因克里米亞危機斷送了機會。這場危機導致俄羅斯成了全球化秩序的邊緣人——命懸於能源貿易。實際上，俄羅斯的石油寡頭及普丁也是舊秩序的受益者，他們與歐洲建制派開展能源合作，普丁與德國兩位前總理梅克爾、施羅德（Gerhard Schröder）關係均不錯。施羅德卸任後還在俄羅斯石油大廠裡任職，在俄烏戰爭時會見普丁試圖調停。但是，僅是能源利益遠不足以滿足普丁的政治需求，他希望在國際秩序中扮演規則制定者的角色。

舊秩序的不滿者有受害者、受挫者、反抗者和邊緣人，他們除了川普、普丁、藍領工人、被高房價壓迫的城市中產、飽受工業汙染的民眾，還包括技術極客和數位貨幣支持者——試圖用民間貨幣及無國界銀行系統來挑戰法定貨幣與金融秩序。他們的國籍、身分、職業均不同，各自的信仰與動機也不同；他們有極左也有極右，並不全是川普主義者。

當今全球化舊秩序的核心問題是國家制度與經濟全球化的矛盾，但是經濟秩序崩潰又會激起國家衝突與民族主義，國家機器將進一步得到強化——正如美國金融監管部門正借制裁俄羅斯之機打擊加密貨幣。

全球化失衡秩序與反秩序之間注定有一場漫長而殘酷的鬥爭。金融危機打亂了全球化經濟秩序，新冠肺炎疫情加劇了去全球化，俄烏戰爭觸發了國際地緣政治危機。國際產業分工重整，政治三角格局生變，國家緩衝地帶消失，軍備競賽開啟，國家謀求抱團。舊勢力垮臺，新人政治崛起；舊秩序崩壞，新秩序遙遙無期。世界進入後秩序時代。

參考文獻

[1] 王付東、韓國尹錫悅政府外交政策探析［J］。和平與發展，2022（3）。

[2] 法蘭西斯·福山。身分政治：對尊嚴與認同的渴求［M］。劉芳，譯。北京：中譯出版社，2021。

[3] 山田銳夫。「新資本主義」新在何處？［J］。湖北社會科學，2022（4）。

◆ 後秩序時代：舊秩序崩壞，新秩序未形成

大國較量：
人類全球性集體行動的困境

　　大國較量，是一場險象環生、令人屏氣凝神的高智棋局。

　　雖然這種較量受諸多因素影響，充滿了對內在矛盾的各種粉飾，以及不確定性，但是，比起「爭香奪豔」，目前我們遭遇的更趨近於一場人類全球性集體行動的困境。國家主權與經濟全球化之間相互「侵蝕」，被更具體化、針對性的衝突掩蓋。

　　自由、和平與合作，終是正道。靜待更好的全球治理。

◆ 大國較量：人類全球性集體行動的困境

大國衝突的假象

　　最近幾年，大國衝突成為國際政治的主流話題。如何解釋大國衝突一直困擾著政治學家和經濟學家。

　　自亞當斯密以來，經濟學家找到了一條通往和平與繁榮之路——自由市場與對外貿易。但是，第一次世界大戰打破了這一觀念。此後，每一次大國戰爭及衝突都對經濟學構成現實的挑戰。

　　政治學中的諸多解釋，如「修昔底德陷阱」以及杭廷頓（Samuel P. Huntington）的「文明的衝突」，均屬似是而非的理論。本部分從國家制度與經濟全球化的關係出發解釋世界大國衝突的真相、演變與假象。

01　大國衝突的真相

　　美國經濟史學家查爾斯·P. 金德伯格（Charles P. Kindleberger）寫過一本著作叫《1929-1939年：經濟大蕭條》（*The Great Depression 1929-1939*）。與一般經濟學家不同的是，金德伯格選擇了從國際秩序的視角解釋大蕭條。他的觀點是，各國不會自覺、自願地提供確保國際經濟體系穩定的「公共成本」。這是國際動盪不安的原因。

　　金德伯格認為，大蕭條起源於美國在「一戰」後取代英國成為全球經濟的領導者，卻沒能承擔起全球公共財的責任。英國在政治上依然是全球領導者，但是經濟上已力不從心。這導致世界墜入大蕭條、種族滅絕與第二次世界大戰。

　　在全球化時代，維護國際秩序的「公共成本」是一個國際難題。在新舊經濟大國交替之際，沒有經濟能力又不願讓步的老牌大國，有經濟能力但還沒有意願或政治手段領導這個世界的國家，均無力承擔全球公共

財成本。這是全球化過程中的一種陷阱——「金德伯格陷阱」。

經濟學家對「金德伯格陷阱」的爭論，根本上源自對制度內生性的分歧。那麼，「金德伯格陷阱」是否真實存在？

1914 年塞拉耶佛行刺事件爆發，整個歐洲陷入混戰。此時，美國作壁上觀，忙於歐洲戰事的大國交給這個「小弟」一個艱鉅的任務——管理好國際黃金標準。黃金標準是當時英鎊體系下的國際匯率體系，聯準會的任務是維持黃金價格的穩定。維持這一體系是需要成本的，美國是怎麼表現的呢？

鍍金時代後的美國已是全球第一大經濟體，工業產值超過英國，但是美國的主流思想依然是孤立主義，不願意介入歐洲事務，遲遲不加入「一戰」。當時，剛剛成立的聯準會缺乏在世界大亂之際獨挑大梁的意願與經驗。隨著歐洲戰事的深入，越來越多黃金流入美國，美國很快從債務國變為債權國。

這對原有英鎊體系下的國際匯率帶來了巨大的衝擊。聯準會在關鍵時刻打破了黃金標準，大幅抬高美元匯率，促使黃金貶值。在金本位時代，黃金的信用是至高無上的，大於國家信用。聯準會的做法引發了金本位時代的第一次黃金信用危機，從此黃金信用一去不復返。經濟學家孟岱爾（Robert Mundell）甚至認為，如果聯準會不打破黃金標準，就不會發生大蕭條，也不會出現納粹革命，更不會爆發第二次世界大戰。

「一戰」後，國際匯率一片混亂。1922 年，各國齊聚義大利熱拿亞，試圖重建全球匯率體系。「一戰」後的歐洲國家負債累累，經濟低迷，社會動盪。與之形成鮮明對比的是，這時的美國工業生產總值世界第一，黃金儲備世界第一。美國試圖利用黃金儲備優勢，與英法兩國共建國際貨幣體系。但是，這個新興的國家還是被歐洲老牌帝國排擠在門外，英

法接過被美國管理得一塌糊塗的黃金標準，制定了以英鎊和法郎為核心的金匯兌本位制度。

但是，「一戰」後的國際匯率體系是糟糕的。英國試圖維持帝國地位，將英鎊與黃金的匯率維持在「一戰」前的水準。英鎊顯然被高估了，因為當時英國的黃金儲備及經濟能力無法維持原有的匯率。

英國經濟學家凱因斯認為，被高估的英鎊是「一戰」後英國經濟持續低迷的重要原因。高匯率導致英國出口受阻，工業復甦緩慢，失業率居高不下。他強烈呼籲英國政府調降匯率，讓英鎊對美元貶值。凱因斯還推算，只有匯率下降到 1 英鎊兌換 3.6 美元的水準，英國的失業率才能下降到 6%～7%。

「一戰」後的國際匯率秩序實際上陷入了「金德伯格陷阱」。

我們接著了解國際政治秩序。在巴黎和會上，英法美試圖重建國際政治秩序。美國總統威爾遜（Woodrow Wilson）提出了「十四點原則」，呼籲列強讓殖民地人民自決，消除貿易壁壘，以及建立「國際聯盟」。然而，美國國會以總統違反「孤立主義」外交傳統為由，否決了《凡爾賽和約》。

結果英法主宰了戰後國際秩序，它們的共同目標是嚴懲德國。在巴黎和會上，擔任英國財政部首席代表的凱因斯強烈反對過度制裁德國，他甚至因此辭去了和會代表職務。很快，他發表了著名的《凡爾賽和約的經濟後果》(*The Economic Consequences of the Peace*)，預言英法對德國的過度制裁必然導致德國經濟崩潰、民族情緒氾濫，或引發報復。

「一戰」之後，注定是多事之秋。沒有任何一個國家能夠領導新的國際秩序以及承擔相應的公共財費用，戰後的國際局勢因此不可逆轉地惡化。在 1920 年代，混亂的國際匯率導致歐洲經濟復甦緩慢，美國經濟在「咆哮的 20 年代」尾聲突然爆發大危機。

大蕭條重傷美國及歐洲經濟，也重創了全球貿易體系和國際貨幣體系。羅斯福總統上臺後單方面宣布脫離金本位，推動美元貶值，禁止黃金出口，引發國際匯率劇烈波動。美國國會於 1930 年通過《斯姆特-霍利關稅法案》，將 2,000 多種進口商品關稅升高到歷史最高水準。當時，這項法案遭到包括道格拉斯（Douglass North）、葛拉漢（Benjamin Graham）在內的 1,028 名經濟學家聯名抵制。汽車業大廠亨利·福特（Henry Ford）在白宮花了一整個晚上力圖說服總統否決該項法案，稱它為「一項愚蠢的經濟政策」。美國政府總共收到了來自外國的 34 份正式抗議，德國、法國、英國等對美國採取了報復性關稅以及其他反制措施，最終引發了曠日持久的全球貿易大戰。

美國國會還於 1933 年通過了《購買美國貨法案》。該法案規定，政府部門必須購買美國貨；只有在外國貨比國貨便宜 25％ 時，才允許購買外國貨。

這些保護主義法案加速了美國及世界貿易大下滑：美國進口額從 1929 年的 44 億美元驟降 66％ 至 1933 年的 15 億美元，而出口額則從 54 億美元驟降 61％ 至 21 億美元。1929～1934 年，世界貿易規模萎縮了大約 66％。

經濟學家斯蒂格勒（George Stigler）認為，美國貿易保護主義政策導致了大蕭條的蔓延。保護政策導致國際貿易大幅萎縮，原有的全球化經濟系統被打破，各國經濟難以依靠國內市場復甦。

整個 1930 年代，世界掉入了「金德伯格陷阱」。匯率市場混亂不堪、貿易保護主義盛行、國際政治衝突不斷，最終凱因斯一語成讖——德國納粹黨登臺，一場更恐怖的戰爭爆發。

如今的世界，是否也陷入了「金德伯格陷阱」？

◆ 大國較量：人類全球性集體行動的困境

02　大國衝突的演變

「二戰」後，歐洲各國沉淪，美國領導了當時的世界，重建了新的國際秩序。在布列敦森林會議上，凱因斯代表英國參會，也帶來了新的國際貨幣體系計劃。

但是，這時的英國不得不將世界領導權拱手相讓給美國，美國依照懷特計畫成了以美元為核心的國際貨幣體系──布列敦森林體系。這次會議還形成了包括關稅暨貿易總協定（世貿組織前身）、國際貨幣基金組織、世界銀行等在內的國際經濟秩序三大支柱。換言之，「二戰」後的美國完全接替了英國，成為新的國際秩序的締造者以及公共財費用的負擔者。

美國、歐洲乃至全球都是這一秩序的受益者。儘管世界依然籠罩在冷戰的陰影中，但美國及歐洲還是迎來了持續20多年的良好經濟景氣，經濟全球化可謂一日千里。

這一切正符合金德伯格霸權穩理論論的邏輯。但是，1971年，布列敦森林體系崩潰了。這是為什麼？

當時並沒有哪個新興的大國能夠威脅美國的地位，正在崛起的日本和德意志聯邦共和國距離美國還有一定的距離。當時很多人誤以為美國衰弱了，美國經濟在1970年代陷入停滯性通膨危機，美元經歷了三次貶值，1979年還爆發了伊朗人質危機。

不過，到了80年代，人們很快意識到，美國並未衰弱，反而可能更強大了。問題來了，國際貨幣體系為什麼會崩潰？

經濟學中最好的解釋是美國經濟學家羅伯特·特里芬於1960年在《黃金與美元危機：自由兌換之前途》(*Gold and the Dollar Crisis: The future* of convertibility）中提出的一個悖論。特里芬認為，美元作為國際結算貨幣，必須不斷地向國際市場輸出，這會持續加大美國的貿易逆差；而持續擴大的貿易逆差又會破壞美元的穩定性——美元作為國際結算貨幣的信用。所以，美國不能既出口美元又出口商品。這就是「特里芬困境」。

從「特里芬困境」中我們可以注意到一個趨勢：終結大國秩序的並非新霸權，而是經濟全球化。這一趨勢決定了國際主要矛盾的演變。

布列敦森林體系是一個以大國實力為核心的人為秩序，美國負責維持美元與黃金的固定比價，成員國負責維持本幣與美元的固定價格。這是一種違背價格規律的固定匯率體系。「二戰」後，迅速發展的全球化衝擊了這一體系，匯率（價格）再也無法服從權力與國家，被迫交給國際市場的自由競爭來決定。從 80 年代後期開始，歐美世界逐漸實現了浮動匯率。

所以，市場主權挑戰了國家主權，也改變了「金德伯格陷阱」的邏輯。金德伯格是霸權穩定學說的奠基人，但是從 70 年代開始，「金德伯格陷阱」的邏輯不再是大國霸權，而是全球化的市場主權，其本質是誰來支付國際公共財成本。

在布列敦森林體系中，美國的任務是負責維持美元與黃金的固定比價。這就要求美國必須儲備大量的黃金——這就是這一國際貨幣體系的公共費用。美國當然不願意獨自負擔這筆費用，成員國需要繳納一定的黃金儲存在聯準會，只有成員國政府可用美元兌換黃金。但是，隨著美元貶值加劇，法國、西班牙政府用美元到聯準會兌付大量黃金，美國則以減少歐洲防務經費相威脅。這說明成員國並不願意為這一國際貨幣體系支付費用。

當年布列敦森林體系崩潰後，美國財長約翰·康納利（John Connally）在十國集團會議上對各國財長說：「美元是我們的貨幣，但卻是你們

的難題。」這句源自溫特勞布教授的話隨後傳遍了世界，也形象地表達了「特里芬困境」的本質。

「特里芬困境」的本質是法定貨幣與經濟全球化之間的矛盾，即國家主權與市場主權之間的矛盾，亦是政治非全球化與經濟全球化的矛盾。

如今的國際貨幣體系是自由匯率和信用貨幣，但依然無法擺脫「特里芬困境」。主要原因是，雖然匯率由市場主權做主，但貨幣（法定貨幣）依然是國家化的。經濟全球化是失衡的、畸形的，世界貿易高度發展，貨幣依然是國家化的。美元作為美國的法定貨幣，也是「世界貨幣」；聯準會是美國的央行，也是「世界的銀行」。其中的矛盾是，誰該為美元體系支付費用？

信用貨幣並非「一紙鈔票」，其幣值穩定依賴國家信用，而維持國家信用穩定則需要支付大量的費用。從狹義上來說，美元以美國國債為錨，國債以稅收為錨。從廣義上來說，美元的信用建立在美國強大的科技、金融及軍事力量之上，而這些力量的維持需要大量的公共支出。總之，美國納稅人需要為美元幣值穩定支付大量的費用。

但是，美元又是「世界貨幣」，其使用範圍大大超過了美國本土，美元是國際結算、海外投資、金融交易及他國央行外匯存底的第一選擇。換言之，美國為國際市場提供了一個穩定的貨幣，而國際投資者及他國央行不需要為此付費。但是，美國納稅人也不願意為此支付費用。

進入 21 世紀後，美國貿易赤字和政府赤字持續擴大，「特里芬困境」再次變得尖銳。2008 年金融危機後，聯準會擴張美元，削減美元的購買力。美元貶值可以減輕美國的債務負擔，相當於將美元作為「世界貨幣」的公共費用分攤到全球各國。

最近 20 多年全球貨幣氾濫，既是國家主權政治倒退的結果，也是國

際秩序倒退的結果。

20世紀「金德伯格陷阱」源自新舊大國交替時形成的國際領導權「真空」，而21世紀的新「金德伯格陷阱」則是源自國家主權與經濟全球化之間的相互「侵蝕」。

經濟全球化是國家主權不斷對外讓渡的過程，是市場主權步步為營的進程。如今，很多開放經濟體，如美國、新加坡、歐盟，已經對外讓渡了關稅、財政、貨幣、能源政策等（部分）核心主權。

這是市場主權對國家權力的削弱。國家沒有足夠的力量與正當的法理性去維持一個超越國界的經濟體。一個開放型的國家對另外一個開放型的國家發動戰爭，既缺乏足夠的動力，又缺乏統籌一切的權力條件。所以，國家主權被市場主權削弱的不可逆的趨勢，決定了國家（大國）的衝突將不再成為國際秩序的主流矛盾。這就是大國衝突的演變。

當然，筆者並不像福山的「歷史的終結」那樣樂觀。如果讓渡出去的國家主權並沒有形成有效率的國際組織與秩序，那麼經濟全球化的過程將是充滿不確定性的過程。一旦爆發危機，如金融危機、新冠肺炎疫情，國家主權又會努力反噬市場主權，擴張信用貨幣，自我保護，引發去全球化。這又會削弱市場主權的力量。如此，國際秩序便處於國家主權與經濟全球化之間相互「侵蝕」的權力真空狀態，混亂與動盪便不可避免。

這就是新「金德伯格陷阱」。

新冠肺炎疫情將世界推入新「金德伯格陷阱」。市場主權及經濟全球化削弱了國家主權，美國及歐洲國家無法使用國家力量對抗疫情，也無法依賴國際秩序及國際力量。當然，這並不是國家政體及經濟全球化的問題，而是國際治理失敗的結果。國際秩序的失敗又反噬經濟全球化與科技進步。

大國較量：人類全球性集體行動的困境

03　大國衝突的假象

2017年1月，美國政治學家約瑟夫・奈（Joseph S. Nye）使用「金德伯格陷阱」理論告誡美國人：中國崛起以後的動向可能不是「示強」，而是「示弱」，即不願承擔美國無力負責的重要國際公共產品的供給，從而使世界陷入領導力空缺、危機四起的險境。

此後，美中經貿摩擦以及美國一系列的退出國際組織行動似乎印證了約瑟夫・奈的預言。但是，約瑟夫・奈「刻舟求劍」了，美國不是當年的英國，中國也不是當年的美國。

最重要的是，當今國際衝突並非源自大國霸權爭奪，而是新「金德伯格陷阱」，即國家主權與經濟全球化之間相互「侵蝕」引發的國際秩序混亂。這是國家主權趨弱之下人類全球性集體行動的困境。

21世紀的全球矛盾已經從20世紀國家之間的紛爭演變為反全球建制派的鬥爭。川普時代的一系列國際衝突，表面上看是國家行為，實質上是不公平的全球化秩序的受害者與全球建制派之間的衝突。

這裡，筆者有必要重申這一觀點。從1990年代開始，即蘇聯解體後，經濟全球化逐漸形成一個既得利益群體。他們主要是跨國公司、金融大廠、科技大廠及全球性建制派政治勢力。他們一方面推動了經濟全球化，另一方面又扭曲了經濟全球化。他們建立了有利於自身利益的國際秩序，比如允許資本全球流動、跨國投資、海外避稅，同時又利用國家主權限制勞動力流動，向本地中產階級及企業徵稅；又如藉助海外國家主權勢力建立市場障礙，享受壟斷紅利，打擊本土企業及工人。

新「金德伯格陷阱」並非必然存在，而是在經濟全球化過程中國家主權被削弱、國際秩序被統治的結果。建制派將國家主權讓渡出去，又沒有建立公平的國際秩序，他們成為不容易被監管的國際勢力。換言之，

全球建制派勢力同時享受了全球化和國家主權兩種制度的好處——信用貨幣擴張紅利、國際避稅紅利及行政壟斷紅利,而其他人成為這兩種制度合力的受害者——高房價、高債務及高失業。

全球建制派總是製造國家衝突以混淆視聽,但都無法掩蓋國際秩序的主要矛盾,即對全球建制派勢力的反抗。

川普、拜登對中俄採取的政策完全不同。那麼,美國與俄羅斯到底是什麼關係?為何不同總統對中俄的態度不同?這顯然不符合金德伯格的霸權穩定理論。

其實,川普和拜登對中俄不同的政策,不取決於國家關係,而取決於他們代表全球化秩序下的不同利益方。川普的支持者(本土企業、工人、中產、商業經營者)是當今國際秩序的受害者,他們希望加入「全球利益鏈」或「瓦解舊秩序」。建制派代表拜登的支持者(華爾街勢力、跨國公司、金融及科技大廠)是當今國際秩序的受益者,他們渴望維持舊秩序。

當今國際秩序的公共費用要比「二戰」前高得多,世界和平、自由貿易、金融穩定、環境保護、傳染病防治、貧困救助、智慧財產權保護等國際公共財極為龐大。川普上臺後大力削減美國在國際公共財上的費用,拜登上臺後第一時間恢復國際對話,稱美國要重新領導世界秩序。那麼,美國到底是否願意承擔國際公共財的費用呢?

這顯然不是總統的個人愛好,也不是國家的策略分歧,而是全球化下的不同利益群體間的衝突。對於川普的支持者來說,他們為這些國際公共財支付大量費用卻沒有太多實質性的好處。但是,拜登的支持者不僅是受益者,還可能不需要為此付費。這就是經濟學家奧爾森(Mancur Olson)在集體行動困境中所說的選擇性激勵。拜登入主白宮第一天就讓

美國重返《巴黎協定》。為什麼？《巴黎協定》與拜登的綠色新政的利益是一致的。綠色新政的財政預算超過兆美元，遠遠超過製造業計劃。美國金融及科技大廠是綠色新政的直接受益者。

可見，如今，國家利益是大國衝突的假象，而真相是扭曲的國際秩序下的利益衝突。國際公共財費用的矛盾主體不再是大國，而是全球化下的分利集團。

但是，全球建制派維持扭曲的國際秩序，利用國家主權阻撓全球化深入發展，可能引發國家衝突。

美國經濟學家保羅・薩繆森（Paul Samuelson）在 2004 年的《經濟展望期刊》（*The Journal of Economic Perspectives*）上發表了一篇文章：〈主流經濟學家眼中的全球化：李嘉圖 - 彌爾理論給出的證明〉（*Where Ricardo and Mill Rebut and Confirm Arguments of Mainstream Economists Supporting Globalization*）。這篇文章預言，當技術進步使中國獲得了原屬於美國的比較優勢，美國就會永久性地失去真實的個人所得。這時繼續自由貿易，中國將獲得淨效益的增加，而美國將蒙受損失。

薩繆森的發現引發了巨大的爭議，被稱為「薩繆森的隱憂」，也叫「薩繆森陷阱」。2018 年美中經貿摩擦似乎證實了薩繆森的預言。

但是，這是大國衝突的假象。真實的情況到底是什麼呢？

「薩繆森的隱憂」的基礎是他的要素價格均等化理論。如果要素完全自由流通，美國的技術可以進入中國，中國的勞動力可以前往美國，那麼兩國的要素價格會趨於均等化。但是，價格均等化並非靜態的，企業預期將失去價格優勢，會增加技術創新，深化國際合作，建立新的比較優勢。所以，要素價格均等化是經濟全球化完整的競爭過程。

但是，薩繆森的擔憂是，如今的全球化是扭曲的，勞動力不能自由流通，但資本、資訊與技術可自由流通；中國會持續學習獲得原本屬於美國的比較優勢，即先進技術，而美國卻無法獲得中國的廉價勞動力優勢。薩繆森預言，如此下去，美國將吃虧。

「薩繆森的隱憂」的真正內涵並非否定全球化——自由貿易引發國家衝突，而是限制要素自由化的國家主權、制度及政策導致經濟全球化半路遇阻，可能最終引發國家衝突。國家主義干預及不公平的國際秩序可能置經濟全球化於動盪與危險的地步。

經濟全球化演變從最初的貿易全球化，逐步深入發展到資訊、資本、科技、人才等要素全球化，再進一步發展到財政、貨幣、國家主權、價值觀、婚姻、生活的高級全球化。這是人類通往經濟繁榮與世界和平之路。

然而，從國家主權到全球化市場主權，是一個充滿謊言、假象以及不斷製造紛擾與衝突的過程。在這一扭曲的全球化過程中，大國衝突的場域背後站著另外一個「背後操盤者」。

參考文獻

[1] 查爾斯·P. 金德伯格。1929-1939 年：世界經濟蕭條 [M]。宋承先、洪文達，譯。上海：上海譯文出版社，1986。

[2] 尼古拉斯·韋普夏。海耶克大戰凱因斯 [M]。閆佳，譯。北京：機械工業出版社，2013。

[3] Paul A.Samuelson. *Where Ricardo and Mill Rebut and Confirm Arguments of Mainstream Economists Supporting Globalization* [J] .Journal of Economic Perspectives, 2004, 18（3）.

[4] 保羅·薩繆森。主流經濟學家眼中的全球化：李嘉圖-穆勒模型給出的證明 [J]。傅誠剛，譯。比較，2017（91）。

大國博弈的演變

在沒有川普的日子裡，一些人期許世界變得安靜一些。但是，拜登執掌白宮不到 3 個月，一系列事件令很多人感到震驚與不解。

他是一個更狠的角色嗎？大國博弈會朝什麼方向演進？

01 拜登的兩難

現如今，美國的政治賽局不再是民主黨與共和黨之間的鬥爭，而是建制派與非建制派之間的鬥爭。

川普「意外」入主白宮，猶如一頭蠻牛闖進了一家豪華瓷器店。一陣激進的作為後，瓷裂玉碎，驚動四鄰。支持者將川普視為顛覆秩序的革命者，反對者認為川普意在「製造對立」，敲詐建制派。拜登想方設法將川普趕出了瓷器店。

拜登上臺的主要任務是，拿起金剛鑽修復瓷器店，捍衛建制派建立的舊秩序以及既得利益格局。從目前來看，內政和外交都在朝這個方向前進。拜登政府推出「兆元財政計畫」，其中很大部分是用於安撫黑人等少數族裔、環保主義者、福利主義者。這些人是拜登及建制派的鐵票倉，簡稱進步派選區。

在對外方面，拜登努力修復建制派建立的國際秩序。維護舊秩序主要是維護華爾街金融、科技大廠、跨國公司的利益。他們也是拜登及建制派的鐵票倉，簡稱金融科技選區。

進步派選區和金融科技選區在內政外交上存在很多共同利益。比如，拜登政府推出「兆元財政計畫」，一大部分發放福利給進步派選區，

另一大部分發放美元紅利給金融科技選區。

拜登政府不是主張對富人徵稅嗎？給窮人發放福利，最終不是由金融科技選區買單嗎？這是一種謬誤。拜登及建制派主張對富人徵稅來補貼窮人，但是他們針對的富人是「美國」的富人，主要是美國本土的中小企業主。真正受打擊的是中產階級，他們背負著沉重的工薪稅。拜登政府對富人徵稅不會衝擊到金融科技選區。因為華爾街金融、科技大廠、跨國公司在全球投資、全球避稅。跨國公司在新興國家滯留大量利潤與現金，反覆投資新興市場。不僅如此，美國政府及世界主要國家紛紛降低跨國公司及國際資本的資本利得稅。所以，拜登政府擴張財政，聯準會擴張貨幣，華爾街金融、科技大廠、跨國公司能夠手握更多廉價美元在全球攻城略地。

對外，進步派選區與金融科技選區也有諸多共同的利益，比如歐美日政治同盟。拜登幫助美國恢復國際對話，恢復與歐洲、日本的盟友關係。為什麼這方面的推進比較順利？進步派選區在歐洲與日本幾乎沒有多少經濟利益，但是他們的意識形態與歐洲、日本是一致的。黑人等少數族裔、環保主義者、福利主義者，再加上大學、媒體知識分子，他們多數都擁護左翼意識形態，主張絕對自由、平等與人權。他們的政治訴求是世界性的，超越國家與民族概念。

金融科技選區在歐洲、日本有著重大的經濟利益，華爾街金融、科技大廠與跨國公司渴望與歐洲、日本維持穩定關係。進步派選區的意識形態和金融科技選區的經濟利益，在歐洲和日本是一致的。比如，拜登第一時間讓美國重新加入《巴黎協定》。這符合進步派選區的意識形態，他們追求絕對環保主義。他們的低碳訴求不僅在美國國內，而且遍布整個地球，包括北極冰川、亞洲重金屬和非洲生活垃圾。《巴黎協定》也

符合金融科技選區的經濟利益，拜登政府推出了「兆元綠色新政」支持科技企業，比如特斯拉可以獲得環保補貼。這筆預算遠超過了振興國內製造業的資金。

拜登上臺後，美國與俄羅斯的關係迅速惡化。拜登政府將俄羅斯視為「最大威脅」。烏克蘭和土耳其立即開展軍事行動，俄羅斯的軍事壓力快速上升。為什麼？

在俄羅斯問題上，進步派選區和金融科技選區的利益也是一致的。一方面，俄羅斯不符合進步派選區的意識形態訴求。他們認為普丁治理下的俄羅斯政治有悖於民主與自由。拜登在談「民主與專制」時，稱俄羅斯為「獨裁」。另一方面，俄羅斯過去30多年參與經濟全球化的程度很低，華爾街資金、科技大廠及跨國公司在俄羅斯的經濟利益很少。換言之，俄羅斯不是全球建制派既得利益格局的一分子，金融科技選區不在乎美國與俄羅斯關係惡化，他們反而擔心俄羅斯政治可能威脅到他們在歐洲及西亞的經濟利益。

再看其他新興國家。進步派選區和金融科技選區在印度的利益基本一致。印度是一個很複雜的社會，民主、自由、先進與貪腐、愚昧、混亂並存。大致上來說，進步派選區認可印度。同時，金融科技選區，主要是科技大廠，與印度關係密切，矽谷不少技術菁英和高管菁英都是印度人。拜登政府在印度會延續歐巴馬時代的印-太-亞策略。

對於另外一些新興國家，進步派選區的意識形態和金融科技選區的經濟利益存在嚴重的衝突。

過去幾十年，華爾街金融、科技大廠和跨國公司將大量的資金轉移到一些新興市場。新興市場的勞動力和土地廉價，工會力量薄弱，市場具有保護性，對外資徵稅少，他們賺得盆滿缽滿，反覆投資新興市場。

通用汽車、福特汽車、可口可樂、英特爾、微軟、蘋果等大廠都極度依賴新興市場。川普試圖讓跨國公司回到美國振興本土製造業。他們似乎無動於衷，為什麼？

過去幾十年，美國與新興市場已經形成了穩固的全球化利益格局。美國政府和聯準會負責擴張美元，支持華爾街金融、科技大廠和跨國公司對新興市場輸出廉價的美元，新興市場吸收資本投資向美國出口商品賺取外匯，再用外匯購買美債，美元回流到美國政府及華爾街金融市場。換言之，新興市場是建制派全球既得利益格局的一環。

這就是我們前文說的「東食西宿」。

這種經濟全球化的循環雖然是扭曲的、失衡的，一邊是鉅額的貿易逆差，另一邊是鉅額的貿易順差，但是維持既有格局對金融科技選區，包括美國政府來說是最有利的。金融科技選區希望替換川普扶持拜登上臺。如今，拜登的艱鉅任務就是如何恢復與新興市場的利益格局。

川普打破原有的格局，與一些新興國家對立，甚至一度進入外交「冷戰」，雙方外交高層長期不再對話。拜登上臺馬上釋放積極訊號，恢復高層接觸，組織外交談判。但是，談判的結果令人震驚。川普談貿易，談不攏就不談了。拜登一上來就談政治，不是談貿易，而且吵得很凶。拜登更像是一位政治家，看起來是一個更「狠」的角色。

怎麼評價拜登政府這些行為？

首先需要明確的是，接觸總比不接觸好，吵架總比「冷戰」好。拜登政府談判的最大動機來自金融科技選區，也就是華爾街金融、科技大廠和跨國公司給拜登政府的施壓。但是，拜登為什麼只談政治，不談貿易？

原因來自進步派選區。進步派選區在這些新興市場沒有太多經濟利

益,但其意識形態上的訴求近幾年火速升溫。過去,他們的態度多數是不關注、不關心。但是,如今他們衝到了最前面。

這使得拜登陷入「兩難」。拜登沒辦法二選一,只能安排先後順序。金融科技選區經濟實力強大;進步派選區政治力量強大,選票規模大。拜登不敢上來就談經濟利益,容易觸犯到進步派選區,陷入「政治不正確」。作為左翼政黨,拜登只能先立起政治牌坊,把意識形態的問題說清楚。這麼做,一方面是對進步派選區有個交代,另一方面是為金融科技選區的經貿談判提升籌碼。

02　博弈的演變

從世界角度來看,拜登政府正在推動歐洲、日本及印度回歸之前的建制派全球利益架構。現在美歐日印的步調整體相對趨於一致,偶有衝突。俄羅斯又將回到2014年克里米亞事件後的國際環境,甚至可能比當時更加嚴峻。

當前,新興國家能否與美國一同回到原來的軌道,這是對拜登政府的挑戰。如果破鏡無法重圓,損失最大的是誰?是全世界的建制派,包括拜登政府、柯林頓家族、華爾街金融、科技大廠和跨國公司,以及新興國家的建制派勢力。

拜登試圖聯合歐洲共同施壓促成全球利益格局回歸。歐洲的建制派是一股龐大的既得利益力量,他們在新興國家的經濟利益不遜於美國。歐洲建制派比拜登更渴望回歸原來的軌道,而且他們國內的政治壓力還相對小一些。預計,梅克爾卸任後,建制派將繼續執掌德國,遙控歐盟。從訴求上來說,美國和歐洲是一致的,只是在手段上可能會有分歧。主要原因是,拜登在國內面臨的政治壓力(主要是進步派選區)會更大。

拜登最希望的是進步派選區對新興國家不要過度宣揚，不要渲染政治正確。這樣可以降低恢復關係與秩序的難度。既然現在已經豎起了政治正確的旗幟，拜登就不得不做兩手準備：一方面想方設法降低政治壓力；另一方面隨時拿政治正確這張旗提升談判籌碼，同時為自己自保。拜登政府將談判地點設在了美國本土之外的地區，目的是降低壓力。但是，談判的主題都是政治，談判的形式都是政治正確。談政治的迴旋餘地比談經濟還小，談政治能否有突破取決於來自美國進步派選區給拜登的壓力有多大。壓力越小，越好妥協；壓力越大，難度越大。

接下來會怎樣演變？

川普的博弈，是打破全球化舊秩序的博弈；拜登的博弈，是恢復全球化舊秩序的博弈。需要正確了解的是，不管是川普的博弈，還是拜登的博弈，都不是國家之間的博弈。但是，如果拜登的博弈沒有達成合作，就很可能演化為國家之間的博弈，甚至是更為激烈的國家紛爭。

什麼意思？

川普發動經貿制裁，表面上是國家之間的競爭。川普的口號就是「美國優先」，捍衛美國人民的利益。但是，這種行動的本質卻不是國家競爭。川普只是借用美國的政治力量、國家主義的口號試圖改變過去的全球化貿易規則。這種競爭根本上是對建制派的鬥爭，對全球化舊秩序的衝擊。

川普是一個政治素人，他代表的本土製造企業主、工人、城市中產沒有在新興國家獲得利益。他們以國家力量相威脅，試圖打破之前的利益格局，然後讓製造企業主、工人、城市中產階級獲取一些利益。但是，新冠肺炎疫情打斷了這個計畫，同時為了應付大選連任。川普後來的態度是不談判、不接觸、放著晚點再說。

但是，拜登不一樣。拜登及建制派嘴上講得最多的就是政治，私底下都是經濟利益，而且還是全球經濟利益。拜登講政治，定然帶上國家主義。對拜登來說，國家主義是一股力量，可以增加他的談判籌碼；更重要的是，國家主義還是他最後的護身符。如果政治上的合作失敗，經濟上的合作也有很大機率會失敗，那麼拜登便可以順勢切割利益，將國家主義拿出來立牌坊。

為什麼？這跟他的票倉有關係。拜登的行動如果失敗了，金融科技選區可能會放棄他。為了挽回金融科技選區，他必須拿出國家主義的力量往凶狠的方向打。同時，向進步派選區掩飾建制派在新興國家的利益，拜登必須將矛盾轉移、上升到國家紛爭層面。這叫拜登「急轉彎」。

1940年代，美國對一個國家實施石油禁運，最開始的石油禁運流於形式，美國沒有禁運該國戰機使用的原油。為什麼？因為當時美國有一批人在這個國家有很大的經濟利益。他們反覆地、緊張地跟對方談判，試圖將壓下矛盾。但是，當矛盾激化後，這群人為了自救，掩飾經濟利益，明確政治立場，變成了最為強硬的強硬派。

有人提出，新興國家可減持美國資產來反制美國。這其實不是行不行的問題，而是對問題是否會誤判。上面講到，拜登政府與新興國家的博弈並不是國家之間的鬥爭。減持外匯也好，政治施壓也罷，這些是國家主義的策略，利用國家手段來提升談判籌碼。這是建制派的政治模式，但對新興國家不利。如果現在發動外匯戰，就相當於主動將矛盾上升為國家鬥爭。

所以，川普與拜登的行動，導致的結果可能完全不同。前面說，接觸總比不接觸好，吵架總比「冷戰」好；但是，如果接觸完全失敗，吵架吵到徹底翻臉，那麼結果要比不接觸、「冷戰」更加糟糕。所以，拜登行

動的後果要比川普大得多。談好了，回歸到原來的秩序；沒有談好，他迫於政治壓力，會將問題蔓延到國家鬥爭的層面。

反過來說，如果拜登促成了談判，是否有利於新興國家呢？如果撤回到舊的全球化秩序，其實對大多數人來說不是好事。對拜登來說，政治談判的目的是彰顯政治正確，安撫進步派選區，而不是對新興國家的政治有什麼改變。他的根本意圖在經濟利益上，也就是修復和維護金融科技選區與新興國家之間的利益格局。

他們誓死捍衛的原來的全球利益格局建立在兩大支點上：一是聯準會及新興國家央行大規模地印鈔；二是不公平的、限制性的國際市場。

可是這種秩序會引發國際收支失衡，觸發國家紛爭，華爾街金融、科技大廠和跨國公司坐收美元及不公平秩序的紅利，美國本土中小企業主、中產階級承擔高房價、高債務和高稅收，新興國家的工人和消費者也深受其害。

對新興國家、經濟全球化和人類文明來說，拜登領導的全球建制派是一股退步力量，也是一股頑固勢力。拜登政府如果與歐洲、日本達成合作，與新興國家達成合作，世界將重回熟悉的軌道，並駛向高債務、高泡沫、貧富懸殊、經濟危機、國家衝突及社會動盪的深淵。

03 最終的答案

面對拜登政府，新興國家的民眾容易感到迷茫和焦慮。

國家主義的紛擾很大，如果迎合這種紛擾，相當於正中了拜登及建制派的下懷。當清楚意識到矛盾的本質時，雖不再迷茫，但又會感到焦慮。如果原有的秩序無法修復，博弈可能上升到國家衝突；如果回到原來的軌道，糟糕的結局似乎就在眼前。

不過，不必過度悲觀，拜登領導的建制派舊秩序早已難以為繼。

2008 年金融危機是全球化舊秩序崩盤的開始，川普是加速崩盤的推手。雖然這是一個全球化的秩序，但是它的核心在美國。擊潰這個秩序的手段不是國家的手段，也不是經濟的手段，而是美國的政治。選票是擊潰這個龐大的全球利益格局的關鍵力量。川普贏得了選票，衝擊了這個秩序。

當然，建制派也試圖利用自己的政治力量來改變選票。拜登利用郵寄選票的規則奪走了更多選票。

全球化秩序的鬥爭最終聚焦到美國的選票上。拜登和建制派的優勢是，他們控制了參議院和眾議院，可以擴張財政來收買更多選票。這讓人感到悲觀和不安。但是，這種模式是不可持續的，受制於債務危機和通貨膨脹。

民主黨的執政理念在文化上是絕對自由主義，但在經濟上是反自由主義。歷史上，民主黨長於軍事、政治，弱於經濟。在經濟上，民主黨的政策通常是擴張財政刺激經濟。最近 20 幾年，建制派（包括民主黨和共和黨）更是依賴美元過度發行來維持政治利益。美元，一部分發給窮人收買選票，另一部分大搞基建刺激經濟，還有一部分給華爾街金融大廠。這樣做的結果是聯邦財政赤字攀升。拜登在川普基礎上進一步擴張了財政赤字。

這筆錢誰來出？

聯準會印刷美元來支付。這相當於透支國家信用，最終還是由美國納稅人買單。2021 年，聯準會提升對通膨的容忍度，目的是為拜登的刺激計畫提供美元支持。但是，隨著經濟復甦，聯準會轉向貨幣緊縮是遲早的事情。如果通膨快速抬頭，聯準會將不得不收縮美元。

聯準會無法持續擴張美元，剩下的辦法就是徵稅。拜登政府的辦法是向美國本土企業主和中產階級徵稅。

拜登政府推出 BBB（Build Back Better）基建計畫，這項計畫的資金規模可能達到 3 兆美元。為了籌集這筆錢，拜登政府計劃增加稅收。在所有加稅的對象中，徵收規模最大的是美國本土企業，預計企業所得稅將從目前的 21% 提升到 28%。他還計劃對富人的資產加稅，向收入超過 40 萬美元的個人加稅，最高個人稅率恢復到川普之前的 39.6%。

如果這項加稅計畫實施，可以看出，受衝擊最大的是美國本土中小企業主、富人及中產階級，而華爾街金融、科技大廠和跨國公司，他們在全球投資、全球避稅，可以完美地避過拜登加稅。為什麼加稅對中產階級也不利？

美國本土中小企業主和富人是拜登加稅的主要對象。稅收增加，收益下降，本土企業的效益受到影響，減少產能，減少薪資，降低僱傭，代價最終由中產階級買單。拜登的財政用於大基建或發放給窮人，並沒有回饋到中產階級身上。另外，徵稅削弱了本土製造企業的競爭力，導致更多的美國營企業業轉移到新興國家，工人及中產階級進一步受損。

建制派的執政策略是「甕中捉鱉」加「放飛自我」。建制派默許新興國家建立行政性壟斷市場，同時過度發行美元支持跨國公司在當地享受各種紅利。這就是「放飛自我」。跨國公司在海外製造廉價商品又出口到美國，殺死了大量的美國本土企業，導致大量工人失業。失業的工人、收入成長緩慢的中產階級，還要支付美元過度發行推高的房價。現在很多美國人已經看清了建制派的手段，他們利用這種舊秩序反覆地收割美國本土企業及城市中產階級的財富。這就是「甕中捉鱉」。

如今，美國本土企業主、本土富人、城市中產階級、工人正是拜登

的反對者、這種舊秩序的受害者。當然，受害者還包括新興國家的消費者、工人和中產階級，但是他們多數未意識到這一點。真正有能力改變的力量，來自美國幾千萬張選票，來自美國本土企業主、中產階級、工人的選票。

所以，擊潰這股全球化舊秩序的力量，不是俄羅斯，也不是新興國家，而是美國的政治選票。日本思想家福澤諭吉曾說過：「一個民族要崛起，要有三個方面的改變：第一是人心的改變；第二是政治制度的改變；第三是器物和經濟的改變。」如果將這個順序顛倒過來，先經濟後政治和人心，表面上是捷徑，其實很難走通。當今世界的問題，已超越了民族與國家，建制派控制的舊秩序是全球性的。如今，這張覆蓋全球的大網，之所以還能被捅破，主要在於一部分美國人看到了其中的問題，並能利用政治制度改變這種情況。

最後，回到恢復全球化舊秩序的博弈主題。新興市場切忌將這種博弈國家主義化、民族主義化。拜登試圖恢復全球化舊秩序的博弈不是國家與國家之間的鬥爭。建制派試圖打國家主義牌、民族主義牌，增加談判籌碼，盡快恢復舊秩序。越是如此，新興市場越要保持冷靜、理性與睿智，防止建制派「急轉彎」，將博弈更新為國家衝突。

如今，讓美國人去打架，讓美國人去吵架，讓美國人去政治鬥爭，「隔岸觀火」就是一種作為。共同努力維護國家關係的穩定，對美國本土企業主、中產階級、工人是最有利的，對新興市場是最有利的，對改變這種扭曲的、失衡的、不公平的舊秩序也是最有利的。

安靜，讓世界變好。

◆ 大國較量：人類全球性集體行動的困境

參考文獻

[1] 福澤諭吉。文明論概略［M］。北京編譯社，譯。北京：商務印書館，1998。

大國技術的答案

大國關鍵技術，源自何方？

在全球化時代，頂級關鍵技術不在大國，而在大型市場與菁英人才。本書從經濟學的角度探討技術創新與自由市場、基礎科學、國家治理的關係。

01 技術、市場與國家制度

最近 300 年的全球經濟成長為世人提供了一條近乎可靠的經驗：自由市場發達程度與技術發達程度（專業水準）呈正相關。如今，自由市場高度發達的全球化國家，如美國、日本、德國，其綜合技術水準均為世界頂級。相反，我們幾乎找不到一個市場羸弱但技術頂尖的國家（俄羅斯可作為特例討論）。

邏輯上是否成立？

經濟學家對技術的認知滯後於常人，將技術作為內生性納入經濟學的考量已是 1980 年代的事情。在亞當斯密的時代，英國第一次工業革命剛剛開始。亞當斯密與瓦特（James Watt）是同鄉人，他所在的格拉斯哥大學資助了瓦特的蒸汽機研究，他還替瓦特團隊安排過宿舍。亞當斯密發表《國富論》(*The Wealth of Nations*) 的西元 1776 年，瓦特也研製出了應用型蒸汽機。

亞當斯密在《國富論》中提出勞動分工促進經濟成長。他在第一章〈論分工〉中指出，「勞動生產力上最大的增進，以及運用勞動時所表現的更大的熟練、技巧和判斷力，似乎都是分工的結果」，「其中技術變遷

以分工加速知識累積的形成，成為報酬遞增永不枯竭的泉源」。

亞當斯密在此基礎上發現了專業化分工與自由市場之間的關係。他認為「分工受限於市場規模」。亞當斯密以運輸為例說明問題，比如水運開拓了比陸運更大的市場，從而「各種產業的分工改良，自然而然地都開始於沿海沿河一帶。這種改良往往經過許多年以後才慢慢普及到內陸」。這就是「分工理論」。

通俗點解釋就是，市場規模（有效需求）越大，分工越精細，專業化程度越高。假如市場只需要一輛車，定然不值得新建一個輪胎廠、玻璃廠、塑膠廠、木材廠、皮革廠、組裝廠等分工生產；然而如果是100萬輛汽車，分工生產更具效率和福利。如今的國際市場，汽車的有效需求量非常大，形成全球化的汽車產業鏈，跨國合作，分工精細，專業化程度高。

古代農耕社會也有勞動分工，比如男女分工，但是分工的專業化程度極低。為什麼？因為沒有發達的自由市場。古代農耕經濟是計劃經濟，勞動分工由人為支配，勞動成果也是人為分配。沒有交換就沒有自由市場，沒有發達的自由市場便無法提升分工的專業度。

所以，「分工理論」揭示了一個技術進步的規律：市場規模越大、程度越發達，專業化分工與技術水準越高。換言之，在同等條件下，更大的市場決定更頂尖的技術。「分工理論」也揭示了融入經濟全球化的重要性。如今，幾乎任何領域最頂尖的技術，如頂級晶片、航空引擎，都是全球化精細分工與高效合作的結果。

比如，全球頂級的極紫外光曝光機，裡面的零件超過10萬件，由全球5,000家供應商共同來完成。其中，荷蘭腔室和英國真空占了32%，美國光源占了27%，德國光學系統占了14%，日本的材料占了27%。就

說日本，極紫外光光罩／光罩基板檢測設備來自日本的 Laserte，極紫外電子束光罩設備來自日本的 NuFlare，塗布顯影設備的提供商是日本的東京電子，極紫外專用雷射光源的兩家供應商之一是日本的 Gigaphoton，EUV 光阻劑來自日本的富士軟片和住友化學。前段時間日本光阻劑告急，就導致了全球晶片生產受阻。

所以，一個國家、一個企業想要獲得最先進的技術，必須高度融入經濟全球化，深度參與國際產業鏈分工與合作。一個國家、一個企業如果從農業生產到晶片製造都自己單獨製造，是無法獲取全球最頂尖技術的。

但是，經濟全球化與國家制度存在天然的矛盾。國家權力具有高度的壟斷性，如果加入全球化市場，公共機構將失去這種壟斷權力，一方面面臨來自各國政府的競爭，另一方面需要對外妥協並讓渡權力。經濟全球化是一個去國家化的過程──隨著經濟與技術合作深化，國家主權亦不斷對外讓渡。「二戰」之後的全球化一日千里，參與全球化的國家對外讓渡了部分關稅、貨幣、財政等主權。所以，國家制度對經濟全球化具有天生的排斥感，進而不利於本國營企業業深度參與國際市場獲得最先進的技術。

不過，在相同條件下，小國比大國更願意介入全球化，強國比弱國更願意介入全球化。

新加坡、丹麥、瑞士、芬蘭、荷蘭等小國，更願意加入國際市場。為什麼？因為這些國家的市場規模小，不足以驅動精細化的分工，不利於技術進步。相反，如果他們融入全球化，參與國際分工，龐大的國際市場可以促使其提升某一領域、某一環節的技術水準，進而在國際市場上獲得全球最頂尖的技術。比如，荷蘭阿斯麥爾與全球頂尖科技企業合

作生產出全球頂級曝光機。

可見，小國的國家命運、經濟成長、技術進步、國民利益、政府利益與國際市場高度捆綁、趨於一致，因此小國政府更有動力融入國際市場，願意對外讓渡部分主權以換取經濟成長。這就是諾斯適應性效率。

新加坡是一個典型案例。新加坡最初是馬來西亞聯邦最富裕的州，每年向聯邦政府上繳40%的稅款。但是，聯邦政府不願意向新加坡開放沙巴和砂拉越市場，於1964年還將稅款比例提升到60%。1965年，在馬來西亞民族主義運動中，新加坡被踢出了聯邦。獨立後的新加坡成為一個資源貧瘠、市場狹小的島國，而且經常受到馬來西亞中斷淡水供給的威脅。這時新加坡領導人李光耀果斷選擇融入全球化，以全球化市場在政治上保全自己，在經濟上強大自己。如今，新加坡深度介入全球製造，優勢在精密工程環節。新加坡有2,700多家精密工程公司，這些公司為全球半導體、醫療設備、石油探勘鑽頭、製冷壓縮機提供設計解決方案、製程技術與精密設備。

大國參與全球化的動力會更弱一些。大國市場存量較大，內部產業分工可達到一定的水準，從而削弱了對外部市場的依賴度。同時，大國的政治壟斷市場龐大，公共機構不願意因參與全球化而削弱這部分市場。這類國家傾向於堅守政治壟斷市場和民族主義思想市場，參與全球化的阻力大，同時介入意圖明顯——從國際上獲得先進技術與資本。

大國中的強國比弱國更願意進入全球化。因為強國在國際市場上更具競爭優勢，經濟全球化更有助於其提升技術水準，擴展貨幣和政治影響力。如19世紀早期的美國不夠強大，一度構築高關稅以抵制來自歐洲的商品。「二戰」後的美國重新建構了國際秩序，開始推動自由貿易與金融全球化。

亞當斯密的「分工理論」簡潔明確地告訴我們，國家和企業只有深度融入全球化才有可能獲取頂級的技術，而融入全球化需要突破政治市場和思想市場。

02　技術、教育與國家投資

不過，亞當斯密對技術導致規模遞增的理解是不完整的。自由市場促進專業分工，專業分工推動技術進步，技術進步引發規模遞增，規模遞增進而導致壟斷。簡化邏輯即是自由市場導致壟斷，亞當斯密擔心邏輯上無法達成自我一致性，故中斷規模遞增方向上的研究。後來，英國經濟學家馬歇爾概括了亞當斯密此一疑慮，被稱為「馬歇爾悖論」。

此後百餘年，瓦爾拉斯（Léon Walras）等經濟學家進入了邊際遞減的數學研究領域。1928年，美國經濟學家艾琳·阿伯特·楊格（Allyn Abbott Young）在就任英國科學促進協會經濟統計部門主席一職時發表了一篇演說——《報酬遞增與經濟進步》，這篇演說依循著亞當斯密的「分工理論」往前走了一步。

楊格認為，「分工取決於市場規模，而市場規模又取決於分工，經濟進步的可能性就存在於上述條件之中」。分工既是經濟進步的原因，又是其結果。這就是著名的「亞當斯密-楊格理論」。什麼意思？

楊格其實使用了塞伊法則，即有效供給創造有效需求，認為專業分工可以創造新技術、新產品、新供給，進而開拓有效需求，拓展市場規模。楊格指出：「某一產業的成長率是以其他產業的成長率為條件的。」這其實是賽伊法則的另一種表述。楊格認為，「其中最有力的因素可能是新自然資源及其應用的發現、科學知識的增加」。

在經濟學歷史上，楊格這篇文章非常有價值，他自己將其視為「在

全部經濟學文獻中最有闡述力並富有成果的基本原理之一」。然而，這篇文章被埋沒了50年之久，無人問津。經濟學家狄奧多·舒茲（Theodore W. Schultz）也感到奇怪：「令人不解的是在楊格發表了精闢的文章之後，經濟學界竟對這個問題長期保持沉默。」

我們沿著楊格的方向往前看。進入20世紀，尤其是「二戰」後，全球化產業分工越來越精細，技術供給端的優勢越來越明顯，基礎科學決定了一國乃至全球技術的高度。在亞當斯密時代，技術受市場規模制約，技術創新具有相當的適應性、自發性，同時技術創新多為貼近市場的應用型技術。英國科學家牛頓（Isaac Newton）出版《自然哲學的數學原理》（Philosophiae Naturalis Principia Mathematica）後，開啟了近代科學的大門。但是，當時的基礎科學距離市場還有一段距離。第一次工業革命主要是工程師與應用技術推動的，瓦特的祖父和叔父是機械工匠，父親是木匠，瓦特是機械工程師，他改良了蒸汽機。

到了楊格時代，進入買方市場，回歸到塞伊法則，技術創新從適應自發轉向主動拓展——新技術創造新產品，新產品創造新需求。「二戰」後，基礎科學與市場的距離大大縮短，國家對基礎科學的投入對新技術、新產品與新市場的影響巨大。

但是，基礎科學存在一個嚴重的問題——經濟外部性。

外部性是馬歇爾在其《經濟學原理》（Principles of Economics）中提出來的概念。所謂外部性，就是溢出效應，基礎科學是一種資訊，資訊容易被傳播和習得，成為準公共財。如楊振寧的「楊-米爾斯理論」（Yang-Mills Theory），是全人類共享的成果，其貢獻是全人類的。

馬歇爾的得意門生皮古（Arthur Cecil Pigou）在其《福利經濟學》（The Economics of Welfare）中使用外部性原理提出了最有效率方程式。按照

皮古的理論，科學家提出的原創性基礎理論被廣泛傳播與應用，即私人邊際收益小於社會邊際收益，這說明社會占了私人的便宜。投資與回報不成正比，私人企業不願意投資基礎科學，科學家也不願意進行基礎研究。所以，外部性導致基礎科學成為低效率、無效率的市場。

那麼，該怎麼辦？

既然市場無效，企業不投資，那只能政府來投資。早在1945年，美美國國家科學研究與開發辦公室主任萬尼瓦爾・布希（Vannevar Bush）就向小羅斯福（Franklin Delano Roosevelt）總統提交了著名報告〈科學，無盡的邊疆〉（Science, the Endless Frontier），闡述了基礎科學的重要性。報告建議成立美國國家科學基金會（NSF），負責資助基礎科學研究。根據這份報告，美國逐漸形成了一種混合模式，即聯邦研究單位、大學、企業和非營利科學研究機構四類主體有效分工與合作──避免基礎科學的公共財特性問題。

外部性也會導致政府投資受損，為什麼國家願意投資基礎科學？

馬歇爾是這樣解釋的。他將其劃分為內部經濟和外部經濟：內部經濟激勵企業投資技術，實現規模遞增，進而獲取壟斷利潤；外部經濟削弱企業的投資積極性，但不影響整個社會的經濟效率，因為外部經濟提升了其他人的收益。這就是「馬歇爾悖論」。他試圖透過整體效率不受損來化解亞當斯密的擔憂。

政府願意投資基礎科學，外部性讓政府投資受損，但整個國家均受益。技術成長理論開創者、美國經濟學家保羅・羅莫（Paul Romer）支持馬歇爾的觀點，他認為技術外溢不影響柏拉圖改進（Pareto Improvement）。所以，根據塞伊法則和亞當斯密-楊格理論，國家投資基礎科學，避免外部性問題，可以促進技術創新。

但是，羅莫提出了一個現實的問題：技術外溢會影響國家力量之此消彼長、興衰更替。

在全球化時代，技術外溢到國際市場，被他國免費獲取，會導致政府投資受損，進而打擊國家投資基礎科學的積極性。基礎科學投資巨大，週期很長，風險無法掌控，但是收益均霑，哪個國家都不願意為他人作嫁衣。

不過，在全球化時代，有兩類主體還願意投資基礎科學：一是大型跨國公司；二是全球化國家。

這個可以用美國經濟學家曼瑟爾‧奧爾森（Mancur Olson）的「集體行動的邏輯」來解釋。外部性導致利益共享，出現「搭便車」現象，該怎麼辦？奧爾森認為，創造兩個條件，集體行動就可以持續：一是集體成員的「不對稱」；二是「選擇性激勵」的存在。這兩個條件讓組織者獲得超額收益（超過集體的平均收益），推動集體行動前進。這可以歸納為「奧爾森效率理論」。

在全球化時代，大型跨國公司和全球化國家投資基礎科學的外部性損失相對較小、收益相對較大。對於整個國際市場來說，外部性不影響經濟全球化的效率。基礎科學越發達，經濟全球化的效率越高，依賴全球化生存的大型跨國公司和全球化國家的收益也就越大。

比如，Java 最初是由昇陽電腦（Sun Microsystems）開發和支持的，該公司後被甲骨文（Oracle）收購。C 語言是由美國電話實驗室公司的貝爾實驗室的科學家丹尼斯‧里奇（Dennis Ritchie）發明的。他還與肯‧湯普森（Ken Thompson）開發了大名鼎鼎的 UNIX 作業系統。

美國政府透過國家科學基金會支持大學與科學家研究基礎科學。美國國會在 1980 年代通過的《拜杜法案》規定，允許大學和其他非營利組

織獲得政府資助專案的發明專利。這個法案促進了技術成果轉化。Google 公司最初的 PageRank 演算法就是來自國家科學基金會數字圖書館計劃（DLI）資助的專案，還在史丹佛大學就讀的賴利·佩吉（Larry Page）用這一演算法創立了 Google 公司。

可見，程式語言的開發讓全世界受益，而大型跨國公司和全球化國家獲益是最大的。奧爾森效率促使大型跨國公司和全球化國家願意投資基礎科學，他們也因此獲得了全球頂級的技術。

03　技術、自由與國家治理

不論從亞當斯密理論角度，還是從奧爾森效率的角度，國家和企業深度融入全球化更可能獲得頂級技術。

但是，一個未完全開放的國家要融入全球化是艱難的。尤其是擁有一定市場規模的大國，具備一定的專業分工與技術水準，同時還擁有龐大的政治壟斷市場與民族主義思想市場。

同樣，一個未完全開放國家投資基礎科學也是艱難的，這類國家傾向於投資應用技術；而全球化國家傾向於投資基礎科學。因為基礎科學的外部性比應用技術更強，一個未完全開放國家投資基礎科學不具備「奧爾森效率」，全球化國家則相反。

如何解決？

我們先看第一個問題。封閉的、狹小的、劣質的市場，定然阻礙一國的產業分工與技術專業化。以英國為例。19 世紀末，美國、德國在電力、內燃機、馬達、汽車、飛機、電話、打字機等方面的產品、工藝及管理創新都要領先於英國。為什麼英國失去了第二次工業革命的領導權？

這是很難回答的問題。第二次工業革命時期，英法德均未對基礎科學有太多的投入，甚至英國在基礎科學方面還有天然的優勢。比如，當時英國有一個頂級物理學家叫詹姆斯・克拉克・馬克士威（James Clerk Maxwell），他在西元 1873 年出版了《電磁通論》（*A Treatise on Electricity and Magnetism*），這是牛頓《自然哲學的數學原理》後最偉大的物理學經典。我們知道，沒有電磁學就沒有現代電工學。但是，電力技術革命卻由美國的企業與工程師發起。這是為什麼？

問題出在自由市場方面。在維多利亞時代，英國擁有全球最大的自由市場，但是這個自由市場是由分散在全球各地的殖民地組成的，是暗含資源詛咒的劣質市場。作為宗主國，英國享受著殖民地廉價原料的便利，企業在技術革新和推廣方面的動力不足。比如，第一輛實用蒸汽火車是英國人史蒂文森（George Stephenson）發明的，而鐵路運輸發展最快的卻是美國與歐洲大陸。後者龐大有效的市場驅動了鐵路產業分工精細化──技術革新與融資市場。

又如，早在西元 1850 年代，英國就率先研製出了人工合成染料，但這一材料的應用推廣卻極為緩慢。德國人從英國人手上獲得這一技術，在短短 30 年間便成為英國最大的染料進口國。更有意思的是，第一次世界大戰期間，英國不得不從敵國德國進口染料來武裝自己的軍隊。

英國則從殖民地獲取廉價的染料原材料──煤焦，然後轉手賣給德國，自己似乎淪為一個初級原料進出口國。英國就此喪失了第二次工業革命中關鍵的有機化學工業的領導權。

小國往往能夠意識到市場狹小的弊端，但大國往往容易忽視本土大市場的劣質性。表面上，大國市場可以推動本土技術精細化分工，然而，有效需求不足的大市場其實是劣質的市場，是無法推動技術進步的市場。

改變的唯一方式是讓大國的國家治理如小國一樣具備制度變遷的效率。道格拉斯・諾斯（Douglass North）在《西方世界的興起》中指出：「有效率的經濟組織（制度）能夠使個人的經濟努力的私人收益率接近社會收益率。」這就是制度變遷理論。簡單理解就是，大國的決策者像小國的決策者一樣能夠敏銳地意識到，公共機構的利益與融入全球化的利益根本上、長期來說是一致的。但往往是大國內部市場完全無效率，國家壟斷租金趨於零時，制度變遷的效率才會出現。

我們再看第二個問題。一個未完全開放的國家更傾向於投資應用技術。從經濟學的角度來看，應用技術市場是有效率的市場，政府直接參與會破壞競爭的公平性，也會降低效率。但是，基礎科學市場存在嚴重的外部性，是低效率的市場，政府投資可改善效率。

全球化國家反對國家直接投資應用技術，以及對技術出口進行補貼。國家間經常因此爆發貿易衝突。

如何解決？

以日本為例。日本通產省在「二戰」後（1946-1970年）大力實施產業政策，支持大型企業投資應用型技術。比如，復興時期對鋼鐵工業的貸款，在造船工業奪得50％的世界市場以前對造船工業、海運業的補貼，為建立汽車等工業發展環境而對公路、港口等社會基礎設施的投資等等。

但是，從1995年開始，日本政府完全放棄了產業政策，轉而大力投資基礎科學。日本政府制定了科學技術基本計畫，該計畫實施了5期。內容包括培養1萬個年輕首席研究員，「未來50年獲得30個諾貝爾獎」，吸引和培養國內外頂尖基礎科學人才，培養具有創新能力的優秀研究人才。日本政府對基礎研究的投入每年保持20％左右的成長率，與美國接

近。日本大學對基礎科學研究的投資占預算的 50% 以上。

為什麼會有這種轉變？

從邏輯上來說，日本的國家治理具備了制度變遷的效率。從 1960 年代開始，日本產業政策惡化了國際貿易條件，美國對日本的汽車、彩色電視機、半導體、電子發起了曠日持久的貿易戰和技術封鎖戰。日本政府繼續投資應用技術是無效率的，甚至得不償失。反過來，投資基礎科學可以獲得最大的集體效應。

1990 年日本發生了泡沫危機，松下、夏普、東芝、索尼等大型企業受到重創。1997 年又發生亞洲金融危機，日本企業紛紛轉型：一是放棄終端市場，往深度領域如核能發電、機器人、半導體材料、光學等延伸；二是在千禧年後開啟了第二次全球化。日本政府投資基礎科學，得到良好的集體效應，有助於日本企業擺脫困境，同時在國際市場上最大限度地獲得基礎科學的外部效益。資料顯示，2001 年，日本海外總資產相當於國內經濟規模的 75%；2011 年，日本海外總資產是本土的 1.8 倍。這造就了現在日本龐大的離岸經濟。

日本表面上「失去了三十年」，但其轉型其實是成功的。如今，日本成為一個基礎科學發達的全球化國家。日本以平均每年一個諾貝爾獎的速度在發展，這些基礎科學幫助日本企業建立起全球化的競爭優勢。日本在全球半導體的競爭力應該歸功於其突出的化學研究，尤其是材料學與光學。全球氟聚醯亞胺和光阻劑總產量的 90% 來自日本，全球半導體企業 70% 的氟化氫需從日本進口。

所以，開放型自由市場的問題和基礎科學投資的問題，都依賴有效的國家治理，而不是國際治理。哈佛大學經濟學家丹尼・羅德里克（Dani Rodrik）在 2019 年 6 月遞交給世界銀行華盛頓特區會議的一篇論文中提

出一個令人深思的觀點：「當今世界經濟的大多數政策災難是源於國家治理失敗而非國際合作的缺乏。」最後，全球開放性市場和基礎科學的效率之源，並不是更大的市場規模、更精細的技術分工以及更有效的國家治理，而是一個個有趣而自由的靈魂。

參考文獻

[1] 艾琳・阿伯特・楊格。報酬遞增與經濟進步［J］。賈根良，譯。經濟社會體制比較，1996（2）。

[2] 馬歇爾。經濟學原理［M］。朱志泰、陳良璧，譯。北京：商務印書館，2019。

[3] 皮古。福利經濟學［M］。金鏑，譯。北京：華夏出版社，2007。

[4] 曼瑟爾・奧爾森。集體行動的邏輯［M］。陳郁、郭宇峰、李崇新，譯。北京：生活・讀書・新知三聯書店，1995。

[5] 小宮隆太郎。日本通商產業政策史［M］。王紅軍，等譯。北京：中國青年出版社，1995。

[6] 道格拉斯・諾斯、羅伯特・湯瑪斯。西方世界的興起［M］。厲以平、蔡磊，譯。北京：華夏出版社，2009。

[7] 丹尼・羅德里克。把全球治理放對地方［J］。余江，譯。比較，2021（1）。

馬爾薩斯陷阱 3.0：
低成長再次籠罩經濟社會

在戰爭、病菌與饑荒的侵擾下，人口成長呈現週期性波動。處於谷底之時，新技術革命的醞釀，得以解救人們走出馬爾薩斯陷阱。

然而，技術革命的餘暉落下，低成長再次籠罩著經濟社會。興盛與衰落，乃至其間漫長的焦慮，永遠在周而復始。

現如今的全球，又何嘗不是身處馬爾薩斯陷阱的週期中？需透視困境，才能真正理解當代。

◆ **馬爾薩斯陷阱 3.0：低成長再次籠罩經濟社會**

馬爾薩斯陷阱 3.0：秩序重構

自從 2008 年金融危機開始，這個世界就變了。

若將時間拉長百年，這場危機對歷史的影響會超出當今世人的預測：2008 年金融危機，徹底將世界推向近代第三次馬爾薩斯陷阱。

200 多年前，英國經濟學家馬爾薩斯提出，人口按等比級數成長，而糧食只能按算術級數成長，所以不可避免地要導致饑饉、戰爭和疾病。

這就是困擾人類千萬年的馬爾薩斯陷阱。

所幸的是，技術革命創造了大量的物質財富，人類逐漸擺脫了饑荒、疾病及生存威脅，馬爾薩斯陷阱似乎漸行漸遠。

但是，技術革命的「保鮮」週期頂多半個世紀。

每一次技術革命爆發，「破壞式」地推動邊際遞減曲線右移，將經濟成長率提升一個更高的水準，經濟繁榮。高收益率吸引資本大量進入，技術穩定之後，投資收益率逐漸遞減，經濟進入衰退期，進而不景氣。

如此反覆循環、周而復始。

從近代開始，人類一共爆發了三次典型意義的「工業革命」，分別是西元 1760 年爆發於英國的第一次工業革命，西元 1860 年爆發於西方世界的第二次工業革命，1970 年（另一說法是「二戰」之後）爆發於美國的新材料、生物技術及資訊科技革命。

每一次工業革命間隔的時間大約是 100 年，重大技術紅利維持時間為 55 年，經濟維持在中高成長，然後持續遞減，面臨 45 年左右的低成長狀態，直到下一次重大創新的到來。

每一次技術革命退潮，人類就陷入馬爾薩斯陷阱。

馬爾薩斯陷阱 3.0：秩序重構

第一次工業革命之後的西元 1830 到 1860 年代，是人類歷史上工人運動、無政府主義運動最為瘋狂之際。當時，法國里昂絲織工人兩次起義（西元 1831 年、1834 年）、英國憲章運動（西元 1836-1848 年）、德國西利西亞紡織工人起義（西元 1844 年）——歐洲三大工人運動爆發。西元 1848 年，馬克思發表《共產黨宣言》，歐洲大陸革命風暴達到高潮。

這是近代社會第一次陷入馬爾薩斯陷阱。

西元 1860 年第二次工業革命展開，經濟再度持續繁榮，挽救了人類。但是，第二次工業革命之後的 20 世紀上半葉，人類陷入近代社會第二次馬爾薩斯陷阱。

這是人類社會最為血腥殘酷的時代。這個階段爆發了第一次世界大戰、第二次世界大戰、十月革命、規模最大的經濟危機以及大蕭條。

人類陷入了歷史上極端的零和賽局、存量爭奪的叢林法則之中。

「二戰」後，第三次技術革命以及全球化浪潮，為人類帶來了前所未有的和平、繁榮與幸福。然而，這場技術革命紅利被 2008 年金融危機徹底終結。人類正在步入近代社會以來的第三次馬爾薩斯陷阱。

世界陷入持續低成長，過度發行貨幣，房價、股價等資產泡沫膨脹，貧富差距擴大；歐洲政治鬥爭激烈，傳統政客失勢，保守黨崛起，民粹主義氾濫；美國退出各種國際組織，對眾多國家發動貿易戰，全球化全面退潮。

馬爾薩斯陷阱從來都沒有離開，只是表現形式不同而已。

馬爾薩斯陷阱 3.0 時代，人類正在上演貨幣戰、貿易戰及秩序重構戰。

馬爾薩斯陷阱 3.0：低成長再次籠罩經濟社會

01　貨幣戰　貨幣過度發行，本質是財富存量爭奪

傅利曼說，直升機撒錢，國民財富也不會增加。

但現實是，直升機撒錢，撿到錢的人財富增加，沒有撿到的財富縮水。

在古代，每當陷入馬爾薩斯陷阱之時，統治者定然提升稅收，搜刮錢財，爭奪資源。

在現代社會，增加稅收是一種不明智的做法，印鈔則更加隱蔽而高效。誰越接近鑄幣權，誰就更有機會獲得財富。

當現代社會陷入馬爾薩斯陷阱時，貨幣過度發行成了零和賽局、資源爭奪的主要手段。

貨幣過度發行，本質上是財富資源的爭奪，而非增量的改進。

這些年，通貨膨脹、房價高漲的事實，再次為人們上了一堂深刻的經濟學課：貨幣長期中性，貨幣過度發行只會引發通膨或資產價格泡沫，不會帶來財富增加和經濟持續成長。

但是，為什麼世界各國還不停地過度發行貨幣呢？

2016 年開啟的這輪緊縮週期，美國聯邦資金利率加了 250 個基點就加不動了，為什麼？

聯準會壓力很大，美國各界乃至全球都不希望聯準會繼續緊縮。

川普說，再升息股市就要崩盤了，股市崩盤我還怎麼連任。華爾街及廣大股民也不希望繼續升息。相反，很多投資者盼望聯準會降息，股市、樓市再漲一波。全球實業債務負擔沉重，正在苦苦支撐，希望寬鬆貨幣以解資金之困。

貨幣寬鬆是一劑集體毒藥，卻是個人的苦咖啡。

人人都知道貨幣過度發行不會帶來財富增值，但是貨幣過度發行會引發財富存量爭奪。

每個人都寧願被脹死，也不願意被渴死；每個人都渴望在直升機撒錢時，自己可以分得一杯羹；每個人都知道資產泡沫總有一天會破滅，但是每個人都相信最後一個苦主不是自己。

如此，貨幣過度發行，自然不可避免。

回顧第三次技術革命，「二戰」後的核能核電、航空航天、新材料等技術紅利在 1990 年代基本消失，歐洲國家逐漸進入低成長。

電腦及網路革命成就了美國，但進入 21 世紀，美國經濟成長日漸乏力。

回顧最近 50 年，整個世界逐步進入第三次技術革命後的低成長期：

阿根廷、墨西哥等拉美國家被 1982 年債務危機拖入「中等收入陷阱」後，至今無法自拔。

日本的「二戰」後成長奇蹟 1990 年被終結，此後陷入將近 30 年的低成長。

英國、德國乃至歐洲大陸，在 1990 年代逐漸步入低成長陷阱。

韓國、臺灣、香港、新加坡「亞洲四小龍」以及泰國、馬來西亞、菲律賓、印尼「亞洲四小虎」，經濟成長動能被 1997 年亞洲金融危機阻斷，此後經濟成長難現舊日輝煌且並不穩定。

過去，「金磚國家」享受了資源紅利、人口紅利以及全球技術外溢紅利，經濟成長迅速。如今，印度成長依然強勁，中國正在「換擋降速」，巴西、俄羅斯、南非早已落隊。

此時，世界進入馬爾薩斯陷阱 3.0，生存邏輯是：技術停滯，經濟衰

退，零和賽局，爭奪資源。

幾乎所有的國家，都透過貨幣過度發行來爭奪資源。

歐洲透過大肆借貸維持高福利 —— 低收入者、民粹主義者「坐享其成」。

日本在 1980 年代中後期以低利率推動房產價格上漲 —— 金融機構、房地產及金融投資者、投機者爭奪財富。

美國小布希政府時期，聯準會調低利率，放寬信貸條件，中產階級大量購房，房地產次級貸款膨脹，金融過度繁榮 —— 聯邦政府、華爾街金融機構、大型企業、購房者、投機者爭奪財富。

拉美國家及新興國家大舉外債，放寬信貸，大搞基礎設施建設 —— 政府、國營企業、大型私人企業、金融機構爭奪財富。

2008 年這場金融危機，撕開了貨幣過度發行、金融泡沫這個「皇帝的新衣」，徹底將人類推入第三次馬爾薩斯陷阱。

此後，貨幣過度發行更加凶猛，存量爭奪更加赤裸，吃相更加難看。

2009 年這輪量化寬鬆，是全球主要央行的集體決策，是全人類一次肆無忌憚的資源爭奪。

從國際來看，越接近美元中心，越能夠得利。

美國聯邦政府大發國債，低價吸收日本、中國及他國美元；美股在危機後持續十年大牛市，美國、英國、澳洲、香港房地產陸續大漲，紐約、倫敦、法蘭克福、東京、香港等全球金融中心賺得盆滿缽滿。

2016 年聯準會進入升息週期，新興國家壓力大增，俄羅斯、阿根廷、土耳其爆發貨幣危機，全球資本逐漸流入美國。美國藉此走出金融危機以來的低成長，經濟復甦強勁，且「一枝獨秀」。

在貨幣盛世之下，國營企業、銀行、金融、房地產及貨幣貿易者得利，普通中產、一般勞工、小企業及軟體、設計、翻譯等知識工作者的財富卻在縮水。

2008 年之前，百業興旺，各行各業都賺錢。這是做大蛋糕的增量創造時代。

2008 年之後，房地產百尺竿頭更進一步，其他行業為其作嫁衣。這是瓜分蛋糕的存量爭奪時代。

當貨幣緊縮時，與新興國家類似，倒楣的還是小企業、私人企業。

在低成長時代，世界各國央行難以頂住各方壓力，無法堅持施政原則，難以堅守貨幣紀律。如此，「最後貸款人」的制度設計，被異化為各利益階層爭奪財富資源的工具。

其結果是，鑄幣權力中心洗劫邊緣階層的財富，貧富差距逐漸擴大。

英國、義大利、法國、德國、美國等保守黨崛起，傳統政客失勢，民粹主義氾濫，試圖阻礙徵稅權，影響、控制或奪取鑄幣權，以維持高福利生活。

「中本聰」及數位貨幣支持者們試圖以新技術奪權，建構無國界之數位貨幣及金融體系。這一嘗試富有進步意義，但始終被傳統勢力壓制，被投機者玩弄。

不管是傳統政客、金融大廠、民粹主義者、技術極客、普通民眾，都不是「保羅‧沃克」式的英雄人物，都難以堅守客觀原則與理性精神，都無法克制人性的貪婪以及無盡的掠奪欲望。

馬爾薩斯陷阱3.0時代，人類在一個理性預期的巨大泡沫中，「隱蔽」地爭奪既有財富，玩著接棒的遊戲。

02　貿易戰　貿易保護，失速疊加失衡下的選項

全球經濟失速，全球化定然「翻車」。

人類每次掉入馬爾薩斯陷阱，貿易保護主義必然抬頭，甚至大打貿易戰。

20 世紀初，近代社會開始陷入第二次馬爾薩斯陷阱，倡導自由主義的英國對美國發動貿易戰，聯合英聯邦構成零關稅貿易聯盟圍剿美國。

大蕭條期間，羅斯福總統率先宣布美元與黃金脫鉤，降低利率，提升關稅，挑起貿易戰。

2008 年後，西方世界徹底進入低成長區，川普再次主動挑起貿易戰，與世界多國同時開戰，重點打擊最大的開發中國家。

這輪貿易衝突，表面上是貿易逆差、製造業、藍領工人工作問題，本質上是金融問題。

貨幣過度發行的贏家不一定永遠是贏家，但輸家永遠是輸家。

透過幾輪貨幣過度發行，美國的經濟結構失衡嚴重，金融隱患重重。

持續貨幣過度發行，導致投資邊際收益率遞減，債務規模大增，聯準會已經無法繼續升息，若貨幣政策轉向寬鬆，那麼美債、美股則更加膨脹，槓桿率將持續增加。未來聯準會的升息永遠面臨著刺破經濟泡沫、引發資產價格崩盤，甚至是債務危機、金融危機的風險。

所以，貨幣過度發行與貿易衝突是深刻關聯的。

從美國國內來說，2008 年美國陷入馬爾薩斯陷阱時，建制派、華爾街金融機構利用經濟手段，藉助聯準會的鑄幣權，過度發行貨幣來爭奪生存空間。

這一行為進一步激化了國內矛盾,直接導致建制派失勢。美國選民,主要是中低收入者,選舉川普上臺,利用政治手段大打貿易戰,爭奪生存空間。

貿易戰是美國國內矛盾激化的結果,也是利益平衡的主要選項。

從國際上來看,2008年之後的量化寬鬆以及2016年開始的緊縮政策,美國都最大限度地獲取了「美元紅利」。但是,過度發行美元導致美國債務風險變得巨大。

在貨幣過度發行的遊戲中,得利益者未必笑到最後,可能崩於泰山之巔。

所以,川普政府必須在下一輪緊縮之前,盡量化解美國國債風險。

化解的辦法是什麼呢?

川普的花錢速度比歐巴馬還快,可見他並不打算壓縮債務規模來降低美債風險。川普的做法是調整債務結構,推動美債本土化。

美國現代貨幣理論推崇日本的債務模式,即國內市場融資,而非國際市場,如此可大大降低債務風險。如今,日本、中國手握大量美債,美國對此感到不安。

改變這一局面的簡單辦法是,扭轉貿易赤字,推動國際收支平衡。根本的辦法則是,修正經濟結構失衡,增強本土出口製造業,促使美元以「外匯」的方式回流,改變過去的借債回流方式。

美國總統任期不過四年,川普試圖短期內改變這一局面,直接向中國出手,要求中國拿出美元購買大量美國商品。這一表面「成就」可給美國選民一個交代,為連任鋪路。

國際收支平衡只是短期的第一步。接下來,川普試圖全面改變「雷

◆ 馬爾薩斯陷阱 3.0：低成長再次籠罩經濟社會

根經濟循環」造成的經濟結構失衡的局面。

除了針對中國，川普還與加拿大、墨西哥、印度、日本、歐洲等有不同程度的貿易衝突，涉及範圍包括出口、科技、匯率、金融及規則修訂，試圖讓美國的製造業及科技企業振興，扭轉金融繁榮、製造業衰落的失衡問題。

所以，這輪貿易衝突是全球經濟失速疊加失衡之下的利益衝突。

川普政府打著美國優先的口號，試圖改善國內經濟結構，化解美債風險。在本質上，這是存量爭奪，而非製造增量。

西方世界保守黨崛起，英國梅伊卸任，強生出任下一屆首相，預計他將推動英國「硬脫歐」，大打「英國優先」旗幟。

一旦經濟失速，貿易保護主義抬頭，民選政府大多會採取保護本國利益的短期甚至極端政策。

貿易衝突是馬爾薩斯陷阱 3.0 在國際問題上最為突出的表現。

在此之前，戰爭、冷戰、軍備競賽是國際衝突的重要表現形式。而在全球化的今天，各國經濟利益複雜交織，戰爭的成本大幅度上升，貿易衝突逐漸取代了戰爭。

經貿是當今世界各國關係最為重要的平衡力量。若貿易衝突持續升溫，斷送和談機會，那麼國家關係則可能會陷入更加危險的馬爾薩斯「形態」。

從貿易戰到匯率戰、科技戰，再到全面金融戰、經濟封鎖，現代社會的一場經濟戰，其破壞性可能不亞於一場戰爭。

所以，總結起來，這一輪全球貿易衝突與 2008 年金融危機及之後的寬鬆政策直接相關。

這場金融危機徹底將西方世界打入低成長區。這是失速的問題。

全球主要央行以寬鬆貨幣政策救市，導致國內累積大量矛盾，陷入資源爭奪，吃相極為難看。這是失衡的問題。

美國人占領華爾街，歐洲人發起「黃背心運動」，英國人執意要脫歐。這些都是失速疊加失衡造成的衝突。

國內的衝突促使西方保守黨上臺。保守黨執政雖然同樣無法解決貨幣寬鬆問題，但試圖將矛盾轉移到他國，以實現執政承諾。如此，貿易衝突自然不可避免。

是貿易衝突演變為全面經濟戰，還是建構新秩序、維持穩定局面，取決於美國與中國的博弈，也取決於美國與歐洲、日本之間的最大公約數。

一個國家能夠建立一套制度，凝聚各階層的力量，以及國際社會能夠建立新秩序，匯聚各國的力量，避免存量爭奪，發力於科技，是走出馬爾薩斯陷阱3.0的關鍵。

03　秩序戰　秩序重構，在博弈中探尋出路

爭奪遊戲規則制定權，是馬爾薩斯陷阱3.0時代的高級鬥爭。沒有什麼比標準、規則、秩序更能夠壓倒對手的。

求諸秩序重構，而非戰爭，是人類共同合作的文明表現。

但是，並非所有的新秩序都是有益的。

「一戰」之後，巴黎和會上，法國、美國試圖嚴懲戰敗國德國，英國談判代表凱因斯則極力反對，並憤然辭去代表職務。

不久後，他發表了《凡爾賽和約的經濟後果》一書，預言巴黎和會上

對德國的制裁定會激起日耳曼人的民族情緒以及工人運動。

後來，德國納粹主義登臺，發動第二次世界大戰，印證了凱因斯當年的遠見。

實際上，對於第二次世界大戰的爆發，「巴黎和會」負有不可推卸的責任。「一戰」後歐洲不合理的「新秩序」激化了德國的民族主義情緒，釀成了不可挽回的後果。

川普上臺後，美國政府打破了一個「舊世界」，試圖重構國際秩序。川普退出了不少國際組織，要求世界貿易組織修訂規則，試圖聯合墨西哥、加拿大、日本、拉美及歐洲國家，建構「零關稅、零障礙、零補貼」的新秩序。

若川普連任，國際貿易秩序重構將成為其第二任期的重點。短短三年，我們認識了一個具有破壞性的川普，下一個四年，不知他能否轉變成為具有建設性的川普。

美國白宮發布了《改革世界貿易組織發展中國家地位備忘錄》，指出近三分之二的世貿組織成員將自己定義為開發中國家或地區，並以此獲得特殊待遇及不公平的優勢。

其中，世界上最富有的 10 個經濟體中有 7 個，包括汶萊、科威特、卡達、新加坡和阿拉伯聯合大公國等，都聲稱擁有開發中國家地位。另外，墨西哥、韓國、土耳其也聲稱擁有開發中國家地位。

不管是要求世界貿易組織修改規則，還是建構「三零」貿易區，美國重構全球貿易秩序的目的都是促進國內經濟發展，改善國內經濟結構。

每一個人都是按照自我利益原則行事，任何國家政策、任何國家行為，都是以本國利益最大化為出發點的。

這裡的關鍵是，川普推行的新秩序可以在多大程度上獲得他國的共識，是否能夠建立一個更低交易費用的貿易秩序。

目前，新加坡政府已做出回應稱，新加坡並未從開發中國家地位中獲利，將繼續支持世界貿易組織的改革。

巴西則公開宣布放棄開發中國家地位。

歐洲、日本都在推動世界貿易組織修改規則。最終能否形成新規則，美國能否如願建構「三零」新秩序，目前尚不清楚。

作為世界上最大的開發中國家，中國無法迴避規則修訂問題。預計未來的談判中，規則問題將會是一個核心問題。

多輪談判的好處是，中國能更加了解國際規則以及秩序重構的動向。新秩序的建立，定然是一個複雜的國際賽局過程。每一個國家都想方設法在其中扮演某種角色，盡量影響、參與制度建設，爭取最大利益。

秩序重構是馬爾薩斯陷阱3.0時代的高階爭奪戰，但也是走出馬爾薩斯陷阱3.0的重要力量。

在新技術尚未突破之前，人類若能夠建立一種秩序維持和平、協商、合作的局面，將是人類文明的偉大進步。

當經濟陷入低成長時，歐洲各階層的勢力爭奪比較明顯，英國與歐洲大陸的分歧嚴重；美國的機制自癒能力強，充分利用了「美元霸權」的優勢。

在經濟長期蕭條時，日本居然能夠維持將近30年的社會穩定，政府及企業大力投入科技創新以尋求突破，年輕人保持高強度工作，這一點遠勝歐洲國家。

從全世界角度來看，在低成長時期，如何建立一套和平穩定的、相互合作的國際秩序，是避免人類進一步陷入馬爾薩斯陷阱的關鍵。

從經濟學角度看，如何避免人類在技術革命之後的低成長期間陷入馬爾薩斯陷阱？如何避免人類失控爭奪資源，惡意破壞市場及規則，利用叢林法則進行貿易戰、金融戰打擊弱國？如何避免貨幣過度發行洗劫小企業、中產階級及低收入者的財富？

亞當斯密發現了市場的力量，經濟成長依靠市場機制的發揮。凱因斯則發現了政府的力量，在危難之際，政府接管市場，刺激有效需求，避免經濟崩盤。

當經濟逐漸衰退，步入低成長時，依靠什麼力量呢？

過去的做法是，經濟一旦衰退，政府或央行就出手，實施寬鬆的貨幣政策和財政政策防止經濟下滑。其實，這違背了凱因斯的初衷。凱因斯強調，其政策的實施環境為蕭條週期，且為短期。

當經濟衰退時，應該藉助制度的力量。

1970年代之後，布坎南（James Buchanan）、海耶克（Friedrich Hayek）、阿羅（Kenneth Arrow）、諾斯（Douglass North）等一群經濟學家意識到，必須透過法治、憲政、制度來約束市場斯有權力與政府公權力擴張。

當前兩項制度尤為關鍵，一是國際貿易規則；二是貨幣及財政政策的決策制度。

這兩項制度難題都產生於美國：

川普政府破壞了舊的貿易規則，能否建立一個交易成本更低的規則？

聯準會決策能否保持絕對獨立性和客觀性，避免受到白宮、金融

界、實業界乃至任何組織及個人的壓力？

聯準會的決策應該訴諸學術研究的客觀性、真實性，而非考慮現實的壓力。當下若聯準會應該升息，則不能因忌憚股市崩盤而放棄，甚至轉入降息週期。

當年，保羅・沃克（Paul Volcker）執掌聯準會，全美國乃至整個西方世界都反對其實施極端緊縮措施。但是，沃克依然「與世界為敵」，堅持緊縮到底，最終降服了通膨魔鬼。

沃克是一個英雄式的人物。可惜，這個時代沒有英雄，鮑爾（Jerome Powell）不是一個沃克式的英雄。

如今，全球央行都眼巴巴地看著鮑爾的動向。

聯準會的決策決定了世界各國央行的政策，乃至全球經濟的走向。聯準會的權力如此之大、責任如此之重，什麼樣的制度才能保持其獨立性？什麼樣的制度才能避免聯準會藉著美元行使霸權？

熊彼得（Joseph Schumpeter）認為，每一次技術創新的結果便是可預期的下一次經濟衰退；每一次經濟陷入衰退，又意味著新的技術創新正在醞釀，經濟的復甦與繁榮即將到來。下一次技術浪潮又會將邊際生產曲線向右移動，推動人類經濟邁向新的高度。

但是，如果下一次技術浪潮遲遲未到來，我們這一代人或許就是不幸的，一生都可能陷入貨幣氾濫、貿易衝突、存量爭奪的馬爾薩斯陷阱3.0之中。

加強制度建設，凝聚人心，維持方向，強化科技，才有未來。

參考文獻

[1] 彌爾頓‧傅利曼。最優貨幣量 [M]。杜麗群，譯。北京：華夏出版社，2012。

[2] 約翰‧梅納德‧凱因斯。和約的經濟後果 [M]。張軍、賈曉屹，譯。北京：華夏出版社，2008。

[3] 約瑟夫‧熊彼得。經濟發展理論 [M]。何畏，等譯。北京：商務印書館，2000。

馬爾薩斯陷阱 3.0：危險邊緣

世界正陷入零和賽局、資源廝殺的危險邊緣。

自 2008 年金融危機以來，全球經濟秩序崩潰，聯準會及世界主要國家央行大規模救市，導致債務及資產泡沫，同時貧富差距越來越大。經濟秩序崩壞引發傳統政治勢力倒臺，一些國家出現川普式的政治新人。他們對內部建制派及既得利益者發起挑戰，同時這一鬥爭也延伸到國際關係上，引發國家衝突。新冠肺炎疫情加劇了國家衝突和去全球化，俄烏戰爭又引發了冷戰以來最大的國際地緣政治危機，世界正在步入危險的馬爾薩斯陷阱。

本部分將視野從之前的美國、美中放大到全球，聚焦於全球化經濟及東亞局勢的演變，觀察新形勢之下國與國之間、經濟主體之間正陷入怎樣的零和賽局、資源廝殺之中。

01　經濟存量爭奪　貨幣過度發行之罪，泡沫崩潰之罰

世人深知，過度發行貨幣猶如飲鴆止渴。然而，世界已進入理性預期的泡沫時代。

這種僥倖心理，被包裝成為貨幣過度發行、財富掠奪最堂而皇之的理由 —— 救市。

有經濟學家在對寇斯的悼詞中一針見血地指出：是凱因斯影響了政府大手筆的花錢，還是政府大手筆花錢才捧出了凱因斯？事實上，誰越接近鑄幣權，誰就更有機會獲得更多財富。

房地產、金融、基礎建設，靠近水源地；軟體、設計、知識服務，

遠離水源地。過度發行的貨幣是富人的甜甜圈、中產階級的苦咖啡、窮人的魚骨頭。

貨幣過度發行加劇了貧富差距、經濟結構及社會失衡。

大疫之年，聯準會終結了一輪升息週期，鮑爾小心翼翼地以「葛林斯潘式」的口吻宣布「鷹派」降息。

然而，鮑爾東施效顰般的笨拙表演被市場一眼看透：聯準會擔心資產泡沫崩潰及經濟衰退而左右為難。

美股立即大跌，美債倒掛警示，全球資產泡沫風聲鶴唳……實際上，全球央行早已開始放水週期，韓國、印尼、烏克蘭、南非、紐西蘭、澳洲、印度等幾十個國家早已開始降息。

可是，聯準會不開啟新一輪降息，這些國家還不敢肆無忌憚地放水，主要是考慮到本幣貶值、匯率波動的風險。各國希望聯準會不斷降息。沒想到，鮑爾反向升息。

柏南奇曾經評價聯準會的工作：「在艱難的環境之中，清晰明確的溝通比決策的靈活性還要重要。」

這一次，聯準會不敢隨意過度發行貨幣或是進行存量廝殺，因為擔心再來一次廝殺會引爆資產泡沫。

這是前任聯準會主席柏南奇挖給他的坑。

1929 年、2008 年兩次歷史級的金融危機爆發，都是技術週期進入底部，技術革命紅利消失，世界陷入寬鬆貨幣、寬鬆信貸的存量爭奪，而後引發的資產價格崩盤的結果。

這就是貨幣過度發行之罪、泡沫崩潰之罰。

更為可怕的是，這兩次危機之後，世人並未警醒，反而以「救市」之

大名大義，進行更加惡劣的存量爭奪。

經濟大蕭條時期，小羅斯福總統上臺，美元與黃金脫鉤，大肆借錢進行投資刺激經濟，單方面讓美元貶值，高築貿易保護圍牆，衝擊國際金融市場。

後來，全球興起一輪極端的貿易保護主義，納粹主義上臺，各國開啟存量廝殺，最終導致第二次世界大戰。

這是一種典型的馬爾薩斯式的存量絞殺。

2008年金融危機爆發，這一次倒是全球聯合行動救市，聯準會主席柏南奇進行量化寬鬆，帶頭掀起了貨幣海嘯。

這是一次人類歷史上規模最大的公開的存量財富掠奪。

每一次貨幣大潮，拯救和保護的總是護城河以內的特權階級，沖垮的總是前門之外的一般民眾。每一次貨幣退潮，遭殃的還是前門之外的一般民眾，因為城內有護城河保護。

2015年12月到2019年7月，這輪升息週期不長不短，但升息力度非常有限，只上升了250個基點。根本原因是受邊際投資收益率遞減規律支配。

貨幣過度發行越多，投資收益率越低，負債比率越高，債務規模越大，經濟結構失衡越嚴重；若升息，容易拉爆債務市場和資產泡沫，因此升息空間不大。

反過來，升息不夠，手中無米，聯準會若不繼續升息，只能在2.25%的利率空間裡掙扎，換言之，只有250個基點的降息空間。

實際上，從葛林斯潘開始，每一次貨幣過度發行，美國經濟結構性失衡就更嚴重一點，降息空間越來越小，貨幣政策愈加被動，直至政策

失靈、手段失效。

聯準會如此,全球央行也幾乎都如此。

升息,實體經濟舉步維艱,金融泡沫風險加劇;降息,經濟槓桿比率繼續攀升,金融泡沫加速膨脹。

美國市場如此,全球市場也幾乎都如此。

如今一些國家的利率政策基本失效,稍微升息或降息,市場要不就資金鏈斷裂,要不就大水漫灌。金融資產價格與負債比率奇高無比,實體經濟卻成長乏力。

2019年,聯準會「鷹派」降息後,沃克、葛林斯潘、柏南奇、葉倫(Janet Yellen)四位聯準會前主席發表聯合聲明,呼籲保持聯準會獨立性,確保貨幣政策決策不受短期政治壓力影響。他們認為,貨幣政策如果向政治訴求低頭,會導致糟糕的經濟表現,包括通膨更高、成長更慢。

這一次,聯準會試圖發揮平衡之術,力保美股美債不崩盤,保住經濟不衰退。

但是,未來聯準會最大的挑戰是預期心理管理。

聯準會的謹慎政策容易引發投資預期混亂,甚至向市場釋放了一個巨大的利空訊號:聯準會對金融市場穩定憂心忡忡,金融泡沫危在旦夕。如此,很可能導致資產價格崩盤。

聯準會已經被逼到牆角,鮑爾手上的子彈不多了。

若未來資產價格再次崩盤,又將進一步把世界推向馬爾薩斯陷阱3.0的深淵。

每次金融危機,都是一次存量惡性爭奪,都是洗劫中產階級和窮人

財富的過程。房產，是富人的財富、中產階級的債務。富人可以做資產配置對沖風險，而中產階級財富多押在房產上。金融危機爆發，中產階級的財富大幅度縮水；每次金融危機後，富人的財富反而增加。

柏南奇卸任後為自己寫了本辯詞叫《行動的勇氣》(*The Courage to Act*)，他說：「在所有的危機當中，都會有兩類人：勇於行動者和懼怕行動者。……我們行動了。」

他認為，他的救市行動符合聯準會身為最後貸款人的職責，符合巴治荷（Walter Bagehot）當年定下的原則[01]。

但其實，這個世界需要的或許不是救市的勇氣，而是不救市的勇氣；不僅需要巴治荷原則，更需要沃克法則。

救市，表面上是救民於水火，事實上是公然上演最惡劣的財富存量掠奪。

資產價格泡沫崩盤，是對馬爾薩斯行為最嚴厲的懲罰。但這一懲罰又會促成救市行動，掀起更加狂暴的存量掠奪。

這似乎是一個惡性循環。

02　地緣政治角逐　東亞局勢之詭，大國小國之道

美中兩個大國產生貿易衝突，東亞局勢瞬間風雲變幻、詭譎多變。

過去，美日韓是「鐵三角」，中國和北韓是「好兄弟」。南北韓對立，美中博弈，日方得利。

如今，美中貿易衝突持續，日本卻與中國重啟策略對話，日韓兩國

---

[01] 巴治荷在其名著《倫巴底街》(*LombardStreet*) 中提出了一個原則：在金融危機時，銀行應當慷慨放貸，但只放給經營穩健、擁有優質抵押品的公司，而且要以足夠高的、能嚇走非急用錢者的利率來放貸。央行充當「最後貸款人」的概念也是他提出的。

居然也起了貿易爭端，美國與北韓卻在三十八度線「大秀恩愛」。

東亞局勢，讓人腦洞大開。

在美中博弈之下，小國努力抓住機會攪亂時局，試圖左右逢源、兩邊得利，盡顯「小國生存之道」；大國則躍躍欲試，試圖利用美中角逐之機拓展在東亞的生存空間。

自甲午戰爭以來，東亞長期深陷馬爾薩斯陷阱。北韓一度成為馬爾薩斯式資源排擠的最前線。

但此波情勢變化，主要源自 2008 年金融危機。

這場危機之後，歐美世界普遍陷入低成長區，美國國內對中國的情緒及策略正在發生微妙的變化。

美中貿易衝突愈演愈烈後，東亞局勢迅速逆轉，對北韓的關注度火速升溫。

最先打破平衡的是金正恩。

美中貿易衝突相互制裁後不久，北韓快速調整外交策略，開始主動與美國接觸。深諳大國夾縫中生存之道的新加坡率先捕捉到了機會，做東撮合了首次「川金會談」。接著，越南促成了第二次「川金會談」。

越南正在學習新加坡的「小國生存之道」。一方面，越南快速融入國際市場，與美國開展貿易。另一方面，越南與中國交好，試圖成為美中貿易的「地下通道」；同時還挖中國牆腳，將三星等製造工廠轉移到越南本土。

之前，中國一些產品繞道越南出口美國，避開有貿易爭端的區域，結果被美國封鎖；如今，中國從美國進口豬肉及農產品，也是繞道越南。越南的生存空間獲得不小的改善。

越南之後，韓國文在寅緊接著撮合了第三次「川金會談」。這一次，川普訪問日本後，飛赴韓國，與金正恩在三八線——朝韓邊境非軍事區高調「示愛」。

美朝關係從勢不兩立到「大秀恩愛」，東亞局勢正在逆轉。

同樣深諳小國生存之道的韓國，早在1992年中韓建交開始，就利用美中關係在兩頭都吃得盆滿缽滿。

只是韓國在美中博弈之際忽略了日本的實力。日本這次「扮豬吃老虎」，出手打擊韓國半導體，在東亞的存在感立即飆升，令人恍然大悟：

日本沒有消失。

打壓韓國的同時，日本迅速與中國啟動了暫停多年的策略對話。在最近特殊的日子裡，中日表現出同樣的默契。

這是什麼情況？

這就好比一個商人抄截了另一個商人的銷售通路，變相逼著他只能跟自己合作。

其實，這時中國也需要日本。

美中貿易衝突陷入僵局，日本或許是一個不錯的緩衝帶。

從美國的角度來看，美國也樂意：一方面，日本敲打了韓國；另一方面，美國能夠掌控日本，可以增加與中國博弈的靈活性。30年沒有秀肌肉的日本，這現在一鳴驚人，它的野心絕不是像韓國、北韓、越南一樣兩邊得利，試圖成為美中之間在東亞的第三極。

當我們還沒搞清楚日韓局勢時，印巴衝突又快速更新。這是一團亂麻，美國、俄羅斯、印度、中國、巴基斯坦、沙烏地阿拉伯都牽扯其中。

◆ 馬爾薩斯陷阱 3.0：低成長再次籠罩經濟社會

　　美中兩國貿易衝突打破東亞平靜以後，東亞的利益角逐迅速更新，立即成為國際地緣政治的焦點。

　　東亞，正在成為馬爾薩斯陷阱 3.0 的中心。

　　如今的東亞，大國角逐、小國擾動，盡顯大國博弈之局、小國生存之道。

　　如此，必須遠交近攻、手段靈活，才能見風轉舵、乾坤挪移。

　　韓國在這輪博弈中處於被動，很可能成為首個輸家。

　　韓國經濟對外依存度達 70%，美中貿易衝突對其衝擊巨大。美中貿易起爭端後，韓國經濟增速下滑到 2.7%，創近 6 年新低。2019 年 5 月，韓國的半導體出口與去年同期相比減少 30%，顯示器減少 21.5%，手機減少 33.9%。韓國經濟的棟梁三星集團的業績下滑嚴重，其中三星電子第二季度營業利潤只有 6.5 兆韓元，與去年同期相比大減 56.3%。「金絲雀」拉響警報！

　　日韓貿易爭端對韓國的打擊可以用「致命」來形容。日本這些年低調地研發上游產業關鍵技術，所有人都認為韓國是全球半導體的王者。當日本對韓國「禁運制裁」斷供含氟聚醯亞胺、光阻劑及氟化氫時，人們才意識到，日本在上游積蓄的力量是多麼驚人。

　　日本占全球氟聚醯亞胺和光阻劑總產量的 90%，全球半導體企業 70% 的氟化氫需從日本進口。日本幾乎是韓國半導體公司的唯一關鍵原料來源國。禁運制裁後，三星、LG、SK 庫存立即告急，韓國的 OLED、儲存晶片、CIS 晶片、DRAM 幾乎都無法生產。

　　日韓貿易衝突的底線是美日韓三方安全關係。換言之，美國畫了一個圈讓兩個「小弟」互打，自己掌控著日韓貿易衝突的邊界。

印巴衝突是一個不確定性因素。俄烏戰爭才是馬爾薩斯陷阱 3.0 中地緣政治軍事衝突的代表作。這場戰爭還引發了人們對東亞地緣政治的擔憂。不過，東亞局勢轉圜的關鍵依然是美中。

圍繞美中貿易衝突啟動了多輪談判，這是一場持續戰。如今，兩國賽道從低速的貿易戰、科技戰，轉向高速的匯率戰、金融戰。

輸贏的關鍵不在貿易戰、金融戰，而在資產泡沫危機。

美中兩國就像兩個強大的騎士對決，在這場「特洛伊戰爭」中，看誰先射中對方的阿基里斯之踵 —— 美國的股票與國債、中國的房地產。

未來，聯準會的貨幣政策定然謹慎微妙，美方踩著美股美債泡沫，中方踩著房地產疑雲，雙方騰雲駕霧，匯率出鞘，金融狙擊，但都擔心腳下的泡沫在貨幣混亂的脈衝中崩潰，墜入萬丈深淵。

03　馬爾薩斯破局　科學技術之劍、制度建設之盾

「樹不會長到天上去」，人類社會的演進並非平滑的、線性的，而是「創造性破壞」的：

人類經濟在技術漲潮時遞增（邊際曲線右移），在技術退潮時遞減（邊際曲線向右下傾斜）。

熊彼得認為，每一次技術革新的結果便是可預期的下一次蕭條；每一次經濟陷入衰退，又意味著新的技術創新正在醞釀，經濟的復甦及繁榮即將到來。

其中的經濟學原理就是邊際報酬遞減規律。

每一次工業革命間隔的時間大約是 100 年，重大技術紅利維持時間為 55 年，經濟維持在中高速成長，然後持續遞減，面臨 45 年左右的低

◆ 馬爾薩斯陷阱 3.0：低成長再次籠罩經濟社會

成長狀態。下一次技術浪潮，又會將邊際曲線右移，推動人類經濟邁向新的高度。但是，處在技術週期底部的那幾十年是無比痛苦、煎熬的。

當人類行至技術週期底部時，容易陷入馬爾薩斯陷阱之中：

技術紅利消失，經濟成長低迷，人類陷入存量廝殺，貿易保護主義、社會矛盾、經濟危機、國家衝突甚至戰爭幾乎不可避免。

糟糕的是，我們正處於第三次技術革命的衰退週期。

日本在 1990 年泡沫危機後經濟成長低迷；歐洲在 1990 年代逐漸步入低成長區；韓國在 2000 年後經濟成長緩慢，如今進入低成長區。美國占據了資訊科技革命的領導權，把美元作為世界貨幣的紅利，經濟成長維持到 2007 年次貸危機之前。

2008 年金融危機爆發後，美國經濟持續了 10 年左右的低成長。川普上臺後，美國經濟強勁復甦，但受全球經濟不景氣及高負債比率的拖累，美國未來幾年成長預期不容樂觀。另外，1982 年拉美債務危機終結了拉美成長奇蹟；1997 年亞洲金融危機終結了「亞洲四小龍」、「亞洲四小虎」的成長奇蹟；這些年，巴西、俄羅斯、南非三大「金磚國」也逐漸褪色。

梳理歷史，環顧世界，2008 年金融危機徹底終結了第三次技術革命的高成長，也推動世界陷入馬爾薩斯陷阱 3.0。

中國經濟正在換擋降速，比較沒有受到低成長的威脅。這幾十年中國持續承接了歐美幾百年累積的工業技術與資訊科技，進行工業化與數位化。

工業化之後是數位化，數位化之後是智慧化，我們感受到的是新技術方興未艾。

但在歐洲，這些國家半個世紀沒有發生太大變化，汽車、火車、飛機、建築、石油能源、機械製造基本上都是在吃工業時代的老本。

如今，資訊科技紅利消失，摩爾定律逐漸失效，人類正處於第三次技術革命的週期底部。在下一次技術突破之前，世界將進入「至暗時刻」。

前些年，德國推出「工業4.0」，美國推出「工業網路」，但是工業智慧化一直沒有革命性突破。

新能源、基因技術、新材料、虛擬實境、無人駕駛等處於「叫好不叫座」的階段，技術成熟度不夠，沒能大規模商用。

技術紅利消失，美國及歐盟依靠印刷鈔票維持高成長、高福利，結果次貸危機擊穿了泡沫，引發了金融危機和債務危機。

自2008年金融危機爆發，人類陷入馬爾薩斯陷阱3.0以來，歐洲民粹主義氾濫，極右翼勢力崛起，義大利政黨鬥爭激烈，法國「黃背心」運動聲勢浩大，德國總理梅克爾失勢，英國公投脫歐，俄羅斯國內動亂⋯⋯

美國川普上臺後，秉承「美國優先」原則，在全球到處退群，打破原有的國際秩序，同時對中國發起貿易爭端，與印度、墨西哥、日本、韓國以及歐洲都發生貿易衝突。

2019年，左翼候選人費南德茲（Alberto Fernández）在總統大選初選中擊敗右翼馬克里（Mauricio Macri）總統。這一消息演變為「黑天鵝」，重擊阿根廷金融市場，上演了股匯債三殺的悲慘局面。這隻曾經翱翔世界上空的「潘帕斯雄鷹」也跌入了馬爾薩斯陷阱。

只有基礎技術發生革命性的突破，才能推動人類走出馬爾薩斯陷阱3.0。

然而，技術突破是人類進步的最不確定因素。

一般有兩種方式刺激技術進步：

一是零和賽局、相互廝殺倒逼技術創新。正如「二戰」帶來航空航天、核能、電腦等基礎技術，但是戰爭帶來的永遠都是淨損失，是人類最大的罪惡。

二是建構一個有利於技術進步的制度。

貨幣過度發行、資產泡沫、存量爭奪，定然助長投機之風，而不是創新精神。所以，有利於技術進步的制度，必須控制貨幣發行量，建構獨立的、科學的貨幣制度。

新興國家的問題在於，央行及商業銀行系統不夠獨立，財政赤字貨幣化融資規模大，負債比率高，基建投資大，教育投資不足，貧富分化嚴重，極大地阻滯了技術創新。

先進國家的央行獨立性強，但問題出在貨幣政策的目標上。歐美國家的央行以控制通膨率為主要（唯一）目標。

過去幾十年，歐美世界通膨率都很低，但是貨幣發行量很大，大量貨幣進入房地產、債券及金融市場中，導致資產價格膨脹，債務規模高不可攀。

除了貨幣制度外，建構穩定的金融制度和科學的政治制度，推動社會公平及教育進步，才能防止陷入馬爾薩斯式的存量廝殺，避免社會動盪不安。

在泡沫危機後，日本經歷了漫長而痛苦的轉型更新，但這個國家沒有出現歐洲式的動亂。

除了高儲蓄之外，日本痛定思痛，下定決心推行兩大改革，維持社

會穩定，促進技術創新：

一是實施《科學技術基本計畫》。

日本政府重點扶植基礎科學及關鍵技術，實施了多期科學技術基本計畫。在這一計畫的支持下，日本企業逐漸放棄終端市場，向上游的關鍵技術轉型更新。

如今，日本企業上游在商用領域的大型核能發電、新能源、氫燃料電池、智慧電網、醫療技術、儲能技術、生物科技、機器人研發及精密軟體等方面建立全球競爭優勢。

日本沒有消失，只是在低調地進行關鍵技術研發。

這一次，日本狙擊韓國半導體，就彰顯了日本在上游關鍵技術上的實力──壟斷了含氟聚醯亞胺、光阻劑及氟化氫供給市場。

二是進行金融及經濟制度改革。

1996-2010年日本進行了一系列的法律修訂，其結果是《銀行法》、《證券法》、《保險法》、《保險業法》、《信託法》、《信託業法》等幾乎所有法律都被修改。這被一些學者稱為明治維新以來的第三次開國。

日本泡沫經濟崩潰主要源於金融體系。這次改革首當其衝是金融制度，日本政府提出的是金融大爆炸改革。

日本大型金融機構山一證券和北海道拓殖銀行破產，終結了「護送船團方式」（大而不能倒）。這代表著，日本「二戰」後的舊金融體制崩潰，一個更加強化經營效率和風險監管的新制度誕生了。

制度創新本身也是廣義技術創新的一部分。只有更科學公平的制度，才能防止人類在技術週期底部陷入存量絞殺、掉入馬爾薩斯陷阱。

制度為盾、技術為劍，才能破馬爾薩斯陷阱3.0之局。

參考文獻

[1] 班·柏南奇。行動的勇氣：金融危機及其餘波回憶錄 [M]。蔣宗強，譯。北京：中信出版社，2016。

馬爾薩斯陷阱 3.0：破局之道

一次次如黑死病、西班牙大流感的傳染病，一次次如伯羅奔尼撒戰爭、百年戰爭、「一戰」、「二戰」的大規模戰爭，一次次如孟加拉大饑荒、印度大饑荒的大災難，擄走了千千萬萬人的生命，將人類鎖定在「囚徒困境」之中。

自牛頓、亞當斯密、洛克以降，人類拾得科學之光、市場之器、制度之盾，總算衝破「千年停滯」的困境，乘上報酬遞增之快車，跳出了馬爾薩斯陷阱。

不過，每當技術革命步入尾聲，技術擴散紅利衰退，世界陷入低成長，人類便又會陷入馬爾薩斯陷阱。

千禧年之後，第三次技術革命紅利逐漸消失，奈米、基因、量子運算、人工智慧、無人駕駛等「雷聲大雨點小」，世界經濟逐漸步入低成長階段。

這場新冠肺炎疫情，刺破資本泡沫，引發全球恐慌，將世界徹底地推入馬爾薩斯陷阱之中。

馬爾薩斯陷阱從來都沒有離開，只是表現形式不同而已，其本質是零和（負和）賽局、存量廝殺。

01 病毒大流行

如今，新冠肺炎疫情已「世界大流行」，遠遠超過 2003 年 SARS 擴散程度。SARS 是一場來去無蹤的傳染疾病，至今亦無疫苗和特效藥。

還有 1918 年的西班牙大流感，這場人類史上最致命的傳染病，造成

◆ 馬爾薩斯陷阱 3.0：低成長再次籠罩經濟社會

全世界 10 億左右人感染，死亡人數超過 5,000 萬，而當時世界人口不過 17 億。

再往前追溯，地理大發現後，歐洲人將天花帶到美洲，導致 90%的印第安人感染死亡。

當前全球化時代，高速流動的社會要素以及落後的全球化治理，將加大傳染病的傳播力道，並引發各種二次災害，比如股災、經濟危機、國家衝突。

所以，傳染病在這次馬爾薩斯陷阱中扮演著一個特殊的推手角色。

新冠肺炎疫情以來，其所引發的一系列二次災害將世界推進了馬爾薩斯陷阱之中：

第一，新冠肺炎疫情刺破了自 2008 年金融危機以來累積的全球貨幣泡沫，加劇了實體經濟衰退、企業倒閉及工人失業，再次將世界經濟鎖定在低成長區。

第二，美國政府啟動「戰時級別」的救市，聯準會「無底線」地為市場提供資金，預計將增加負債比率，加劇市場的脆弱性，導致貧富差距的擴大化，將聯準會的獨立性原則破壞殆盡，或在將來引發更大的危機。

第三，疫情按下全球化暫停鍵，各國「閉關鎖國」，全球產業鏈硬脫鉤，大批外貿訂單被取消，重創原本正在退潮的全球化。

第四，部分國家爭搶策略物資，暫停糧食及部分重要醫藥用品出口，甚至扣留防護物資。

第五，國家之間相互指責，意識形態衝突激烈，世界向左，刀口對外，爭相卸責，轉移矛盾，公民權利與大政府主義、自由市場與干預主

義、專業人士與權威主義正面交鋒。

美國對外關係委員會主席理察·哈斯（Richard Haass）認為，這場危機可能會使美中關係持續惡化和歐洲整合程度減弱。

哈佛大學教授史蒂芬·華特（Stephen Walt）說：「COVID-19將創造一個開放度、繁榮度和自由度更低的世界。」

印度前國家安全顧問也表達了類似的擔憂：「我們將走向一個更加貧乏、吝嗇和狹小的世界。」

大疫之下，我們看到一個愈加撕裂的世界。

世界為何會走到如此地步？

技術停滯與制度退化，是馬爾薩斯陷阱出現的兩大條件。

如今，基礎技術革新進入低潮期，全球化市場加劇了疫情的傳播，落後的全球化治理（制度因素）又在病毒防控面前一敗塗地。這是我們今天所面臨的挑戰。

在高度市場化的國家，疫情防控的主體是大市場大社會高效政府，其方式是平衡防控，即控制病毒與社會經濟執行同步，依賴領先的醫療技術、完善的公共衛生服務以及相對高素養的國民。

目前，日本、韓國、新加坡、德國採用這種方式獲得一定的認可。

但是，總體來說，歐美國家在這次病毒防控中存在不少問題。其中最為關鍵的原因是，他們信任了全球化市場，但是忽視了全球化治理的落後。

在全球化時代，全球化治理本身具有一套病毒防控模式。全球化是疫情擴散的加速器，同時在防控病毒方面也具備它的一套邏輯：更發達的市場、更先進的醫療技術、更緊密的國際合作。

這叫「靠山吃山，靠水吃水」。

但是，由於全球化治理的落後與倒退，新冠肺炎疫情「世界大流行」後，全球化反而成為全球開放經濟國家的重大威脅。

全球化是一個國家主權不斷向外讓渡的過程，包括讓渡關稅主權、貨幣主權、財政主權、司法主權等。全球化發展越深入，國家的力量越被削弱，政府權力越弱小。

全球開放經濟體被迫回歸到國家治理模式之中「掙扎」：他們擔心「閉關鎖國」重創高度國際化的市場經濟，擔心大政府主義埋葬全球化帶來的自由主義。

但是，病毒是無情的、殘酷的。

以義大利為例。

義大利是全球疫情的重災區，確診人數多，死亡率高。為什麼？

一是前期政府效率不高；二是公共醫療資源不足。

義大利的醫療技術在全球領先，但是公共醫療建設相對落後，檢測試劑短缺，很多患者未被檢測、未被發現。同時，重症醫療資源不足，全國ICU床位只有5,000張。相比之下，日本的病床數量排名世界第二。

若往前追溯，義大利的問題源於2008年金融危機觸發的債務危機（歐債危機）。債務危機導致義大利民粹思潮泛濫，政治勢力更迭，政府威信與效率受挫；同時，財政贏弱、債務如山，導致公共財，包括公共衛生資源，供給不足、更新緩慢。

為什麼義大利會爆發債務危機，而德國卻沒有？

義大利的債務危機與歐盟的治理有很大關係。歐盟是當今全球化治理最先進的體系，但是內部依然矛盾重重，債務問題突出。

1999 年，歐盟實行統一貨幣——歐元，當時義大利的財政並不滿足加入歐元區的條件，但是它作為五大創始成員國「破例」入圍。

此後，義大利糟糕的財政為歐元區埋下隱患。在統一的貨幣體系下生存，相當於與博爾特（德國）綁在一起跑步，財政實力不足的義大利被甩到後面，弄得人仰馬翻，債務日益高漲。

歐元區缺乏一個強而有力的中央財政，以平衡弱經濟體、弱財政國。這是歐盟治理模式中的重大缺陷。

在歐盟內部，商品、資本與人快速頻繁流動，義大利淪陷後，新冠肺炎疫情迅速占領歐洲。

我們主要看德國。德國確診人數規模巨大，但是死亡率極低。同在歐盟體系內，德國與義大利走向了兩個極端。這是為什麼？

在歐元區內，德國是歐盟的棟梁，經濟實力強勁，財政狀況較好，其財政政策與歐元區的貨幣政策契合度高。換言之，德國獲得了較多歐洲整合的紅利。

所以，德國一直是歐元區的受益者，其政府信用較高、執行力強，醫療技術先進，公共衛生資源充足，尤其是應對疫情急需的檢測試劑、重症監護病床和葉克膜（ECMO）。

平日，德國醫院的重症監護病床達 28,000 張，比歐洲的平均水準高出三分之一。根據世界衛生組織 2018 年的資料顯示，德國醫院平均每千人有 8 張床位，義大利只有 3.2 張。

據世界銀行的官網資料統計，德國平均每千人就有 13.2 名護理師，美國的這一數字為 8.6，義大利只有 5.9。在本次疫情中，護理師比例高的國家，死亡率都明顯更低。

德國政府從德國精密醫療設備製造廠商德爾格沃克採購了 10,000 臺呼吸機，德國呼吸機總數達到了 38,000 臺。還有重症患者急救關鍵設備 ECMO，目前世界三大 ECMO 技術掌握在義大利、瑞典、德國、英國及美國公司手上。德國具備這一產品的生產能力，同時擁有較大量的存貨。

當然，德國死亡率遠低於義大利還有一個重要原因：德國新冠患者的平均年齡遠低於義大利。

令人感到欣慰的是，德國作為歐盟「帶頭大哥」，援助了義大利和西班牙。德國將空中巴士改裝為「ICU」救援機，從義大利空運重症患者到「德意治」。

「疫情之下，歐洲必須團來。」

德國前聯邦環境部長、聯邦議員特立丁（Jürgen Trittin）認為：「我們要知道，這不是一場德國危機，而是一場全球性危機。」

不過，全世界內撕裂已不可避免。疫情之下，全球產業鏈硬脫鉤，一些國家開始自建產業鏈，適應「閉關鎖國」的日子。

「高築牆，廣積糧，緩稱王」的口號，孕育著反全球化、保護主義、國家主義的不安思潮及對立情緒。

這次疫情是國家治理能力的一次大考，更是全球化治理的一次考驗。「同在一個地球」，人類如何在一個「平的世界」裡一起賺錢、一起生活，同時一起對抗病毒？

迄今為止，疫情全球化將全球化治理撕得支離破碎，國家主義完勝，大政府主義抬頭。

病毒穿過千瘡百孔的全球化治理，徹底地將世界推向了馬爾薩斯陷阱。

02　央行計劃性

　　國家治理以及全球化治理,是當今人類走出馬爾薩斯陷阱的關鍵。

　　可惜的是,全球化治理一敗塗地的同時,國家治理也節節敗退。

　　新冠肺炎疫情戳破了累積十餘年的全球貨幣泡沫,同時加速衝擊實體經濟。

　　美國政府啟動「戰時等級」的救市計畫,資金高達 2 兆美元。聯準會提前進入重大危機管理模式,將利率下調至零,無限量購買國債,繞過商業直接向企業、家庭、個人貸款,允許人們購買公司債和 ETF 債券基金。

　　顯然,美國政府及聯準會將新冠肺炎疫情定義為一場社會危機或「災害」,這次「無底線」救援超出「救市」範疇未嘗不可。

　　但是,這次救援行動徹底惡化了聯準會的獨立性及治理模式 —— 美元與美債「合體」,聯準會與聯邦政府「合謀」。

　　如今的世界,已經徹底進入了「央行計劃經濟時代」—— 一個理性預期的泡沫時代。

　　當經濟下行時,央行開啟寬鬆閘門;當經濟過熱時,央行開始緊縮。一旦發生重大危機,央行實施「無底線」救市,將危機拖延、分散與轉嫁。如此反覆操作,世界似乎盡在央行掌握之中。

　　但很可惜,這無疑是一種由權力傲慢與經濟利益包裹著的「致命的自負」。

　　受資本邊際收益率遞減規律的支配,聯準會在一次次「不對稱操作」中進入零利率的死路,捉襟見肘、棄械投降。

　　在這次救援行動中,聯準會突破了「最後的貸款人」的界限,使出

十八般武藝，成為「最後的買家」。

這種「無底線」救市，表面上救民於水火，實際上是公然上演最惡劣的財富存量掠奪。

聯準會與美國政府維持著一種低效的制度：低通膨、低利率、低成長、高泡沫、高槓桿。在這種制度下，低通膨安撫窮人，低利率激勵富人，中產階級則長期受害。

最大的受益者是美國政府、建制派及華爾街金融機構。

聯準會被美國政府綁架，美國政府長期從聯準會手上攫取貨幣發行權的壟斷租金，藉此大規模擴張國債，以滿足民眾福利之需，從而換取政治選票。

低利率刺激資產價格膨脹，美國金融機構及富人的財富大幅度增加。資產價格膨脹，抽離了實體資金，不利於實體製造企業及藍領工人的收入增加。長期被低通膨迷惑的窮人，與富人之間的財富差距越來越大。

再看中產階級。房產是富人的財富，卻是中產階級的真實債務。富人可以做資產配置對沖風險，而中產階級財富多壓在房產上動彈不得。

事實上，每一次金融危機、每一次救市、每一次貨幣過度發行，都是一次大規模的公開的存量財富掠奪，都加劇了貧富差距、經濟結構及社會失衡。金融危機爆發，中產階級的財富大幅度縮水；每次金融危機後，富人的財富反而增加。

美國的貧富差距從1980年代開始持續擴大。這40幾年是美國金融機構混和經營的時代、資產價格膨脹的時代，也是美國貨幣過度發行的時代。金融繁榮、資產價格膨脹、貨幣過度發行加上救市行動，大幅度

地加劇了貧富差距、經濟失衡及社會分裂。

所以，這次馬爾薩斯陷阱最為顯著的特徵便是，貨幣過度發行引發大規模的財富存量掠奪。

如今的貧富分化與 20 世紀的存在顯著差異：窮人與失業者獲得更多生活保障；中產階級納稅重、負債高，真實財富受到擠壓；高收入階層受益於資產泡沫，財富規模暴增。

以本次救市為例，美國政府的救濟金額高達 2 兆美元。其中，向個人最多支付 1,200 美元、夫妻 2,400 美元、每個子女額外 500 美元；向小企業提供 3,500 億美元貸款，用於支付薪酬、薪資和福利；建立一個 5,000 億美元的納稅人資金池，為企業提供貸款或貸款擔保。

聯準會購買國債給政府融資，購買抵押債券、ETF 債券、企業債輸血給金融市場，同時也直接向企業貸款。可以看出，美國政府試圖保障低收入者和失業者，聯準會則供養富人、金融機構。

這種做法不斷地推動美國從中產階級社會走向 M 型化社會：

美國政府迎合民粹勢力，靠舉債提供大規模的社會福利，為最底層民眾提供保障；中產階級被壓縮，真實財富縮水，生活處境更加艱難；頂部的富人則受益於聯準會持續寬鬆貨幣政策刺激下的金融資產價格膨脹。

「資產價格泡沫崩盤，是對這一馬爾薩斯行為最嚴厲的懲罰。但這一懲罰又會促成救市行動，掀起更加狂暴的存量掠奪」，這已然得到驗證。

若從制度變遷的角度來看，這是倒退式的國家治理，簡單概括是美債美元化、聯準會政治化。

在 1960、1970 年代，經濟學家彌爾頓・傅利曼（Milton Friedman）將

貨幣政策上升到凱因斯主義的財政政策的高度。傅利曼擔心貨幣政策將成為新的「利維坦」（Leviathan），建議將其關進籠子裡，以立法的方式固定貨幣發行量。

顯然傅利曼的建議無法被採納，但這頭「利維坦」後來被施政者異化為比財政政策更加凶猛的干預工具、財富掠奪工具。

當今世界處於基礎技術週期底部，疊加全球化治理倒退、國家治理倒退，世界又怎能不陷入馬爾薩斯陷阱呢？

03　全球化治理

疫情期間，兩個大主題備受關注：一是傳染病改變歷史；二是重大危機、經濟大蕭條爆發的機率。

如今，新冠肺炎疫情「世界大流行」，加上史詩級的股災，還有被動的「閉關鎖國」，很多人都在擔憂：疫情過後這個世界會變成什麼樣子？

有人擔心，世界將爆發類似 1930 年代的經濟大蕭條及社會動盪。

最近，橋水創始人達利歐（Ray Dalio）多次強調，如今的世界與 1930 年代非常相似，債務膨脹，央行無力回天，民粹主義崛起，國家及意識形態激烈衝突，世界秩序面臨重塑。

那我們就來看看，如今的世界與 1930 年代到底有多少相似之處。

從 1929 年到 1939 年，世界到底發生了什麼？

1929 年，人類史上最大規模的經濟危機爆發，之後是持續多年的大蕭條；大蕭條引發社會危機，民粹勢力崛起，大政府主義登臺，美國羅斯福持新政入主白宮後，單方面宣布美元與黃金脫鉤，提升關稅，發起貿易戰。

緊接著，歐洲各國紛紛效仿，損人利己，「高築牆，廣積糧」，全球化急速退潮。在民粹主義和民族主義簇擁下，納粹黨上臺，德國經濟開始軍事化，希特勒不是「緩稱王」，而是要開始吞併歐洲。

希特勒先與英、法、義在慕尼黑會議上獲得了蘇臺德，接著吞併了捷克斯洛伐克，然後與「北極熊」合謀，瓜分波蘭。

東亞這邊，日本軍國主義迅速得勢，日本對中國發動全面入侵戰爭。

1939 年 9 月，第二次世界大戰全面爆發。

1930 年代是人類近代社會一次極端的馬爾薩斯陷阱（近代第二次）：爆發了人類史上最大規模的經濟大危機、大蕭條以及最殘酷的世界大戰。

這次馬爾薩斯陷阱具備兩個重要條件：

第一，技術週期底部。

通常，基礎技術革命的週期為 100 年左右，技術紅利期為 50 年左右。

進入 20 世紀後，第二次工業革命（西元 1860 年代）的技術紅利逐漸消失，世界經濟成長動力衰退，存量財富爭奪加劇，「一戰」爆發。

「一戰」後的 1920 年代，美國經濟異常繁榮，大量黃金、資本進入美國金融市場，製造了虛假的「柯立芝繁榮」。

這其實是陷入馬爾薩斯陷阱前的「迴光返照」：當實體經濟投資收益率下滑，越來越多資金在金融市場中空轉，推高經濟槓桿率及金融資產價格。當股市突然崩盤，進而衝擊最弱的實體經濟時，大危機爆發。

嚴格來說，近代第二次馬爾薩斯陷阱包括「一戰」、大危機、大蕭條與「二戰」。時間跨度長達 40 年左右，均處於第二次技術革命週期底部、第三次技術革命的前夜。

第二，制度建設倒退。

當技術衰退、經濟低迷、收入下降時，國家制度及國際秩序往往遭遇嚴峻的挑戰。

比如，「一戰」爆發時，歐洲打成一團，歐洲將國際黃金標準的管理權交給了隔岸觀火的美國。國際黃金標準是當時的以金本位為基礎的國際貨幣體系，美國的任務是負責在戰爭期間維持這一體系執行，避免黃金貶值。

當時剛剛成立一年的聯準會接手後很快就破壞了這一國際規則。「一戰」促使大量黃金流向美國，聯準會打破了黃金標準，大幅度抬升美元，讓黃金快速貶值，試圖以美元取而代之。黃金標準被打破，導致黃金的神聖地位被動搖，歐洲人開始對黃金、對金本位產生了不信任感。這間接導致「一戰」後的國際貨幣體系四分五裂、動盪不安，國際交易成本極高。

又如，「一戰」後，戰敗國德國遭受制裁，國內爆發人類史上極為罕見的通膨，馬克淪為廢紙，社會秩序混亂，民不聊生。

當時，德國國內民族情緒及工人運動高漲，民族社會主義德國工人黨（納粹黨）脫穎而出。

德國歷史學派鼓吹「德國特殊論」；克虜伯（Krupp）的繼承人加入德國納粹黨，克虜伯帝國成為希特勒的戰爭機器；流亡至荷蘭的威廉二世（Wilhelm II）還為希特勒（Adolf Hitler）提供了200萬馬克的援助。大政府主義及政治強人對國家制度及國際秩序的破壞，對國際經貿關係的打壓，相當於抽走了穩定力量。

可見，世界進入技術底部週期，國家制度及國際秩序遭到破壞，這兩個因素一旦疊加，人類將不可避免地陷入存量廝殺的馬爾薩斯陷阱。

再看當今的世界是否存在這種危險。

第一，與上次馬爾薩斯陷阱類似，目前世界也處於技術週期的底部。

上次技術革命爆發於「二戰」後，石化、航空航天、核能、半導體、電腦等軍工技術市場化，為 1950、1960 年代的歐美世界帶來了持續繁榮。接著，1970、1980 年代開始，通訊技術、電子產品、網路、精密製造、生物技術等再掀波瀾，歐美經濟持續成長。

但是，進入 90 年代，技術紅利隨著技術擴散路徑而逐漸遞減、消失，世界經濟成長逐步進入低成長區：

日本在泡沫經濟破滅後陷入持續低成長；德國在統一後，經濟增速穩步下行，歐洲在千禧之年已進入低成長階段；憑藉資訊科技的壟斷力量和美元紅利，美國經濟撐到了 21 世紀，但最終被 2008 年金融危機終結；危機後，韓國及亞洲新興經濟體衰退，阿根廷、俄羅斯、土耳其遭遇貨幣危機，金磚國家「變色」。

反過來，過去十多年，隨著技術動力衰退，越來越多資本進入金融市場空轉，類似於 1920 年代的美國，推高了資產泡沫和經濟槓桿。

比如，2007 年次貸危機前，寬鬆的貨幣政策及金融管制助長了房地產泡沫及金融衍生品。危機後，量化寬鬆推動美股十年的大牛市，美債急速膨脹。還有 2017 年，比特幣及數位貨幣泡沫產生。

所以，這輪馬爾薩斯陷阱應該始於 2008 年大危機。這次 2020 年的疫情及股災，讓全世界深陷其中。

第二，制度建設同樣在倒退。

與 1930 年代不同，當今世界的全球化程度高很多，國家權力受到全

球化的削弱。如今國家的經濟主權更弱,執行效率更低。當然,這並不意味著國家制度建設倒退,因為全球化治理正在替代國家治理。

但是,這次疫情及股災同時暴露了全球化治理和國家治理的兩大不足。

全球化治理方面:

一是世界衛生組織作為聯合國的下屬機構,在這次疫情中的表現受到諸多質疑,公信力大減;同時,在應對疫情「世界大流行」時力量非常有限。

二是世界貿易組織作為全球最大的貿易體系,其自身規則落後,仲裁機構長期停擺。近幾年,國際貿易衝突激烈,世界貿易組織亦毫無作為;同時,針對當前「閉關鎖國」情況以及一些國家禁止稻米出口、攔截口罩等醫療資源,尚未建立「病毒全球化」的應對方案及相關規則。

三是國際貨幣基金組織作為全球「央行中的央行」,尚未建立一套適應全球化的跨國貨幣體系(特別提款權的行使權力受約束);同時,放任經濟全球化與貨幣國家化的矛盾惡化,任由聯準會數次量化寬鬆,美元大幅貶值,客觀上破壞了他國貨幣的政策獨立性。

再看國家治理方面:

這次新冠肺炎疫情促使世界各國快速地從全球化中撤回到國家行政主權之內,可能逐步回歸到國家經濟主權範圍。

新加坡、俄羅斯、澳洲較早封閉國門,抑制疫情進一步擴散。行動緩慢的歐洲、美國則被大面積感染。歐美國家相信全球化市場,但是忽視了全球化治理的失敗。

一旦「閉關鎖國」,退回到國家主權之內,國家治理的弱化將為他們

帶來極大的麻煩。比如，政府沒有能力進入戰時管制，沒有能力重建已流失的產業鏈。

最後只能使用一種辦法：政府擔保。

聯準會的貨幣閘門完全敞開，美國政府予求予取，為整個社會進行擔保。救援行為本身沒問題，但背後卻體現了國家治理倒退──聯邦政府完全轉向攫取貨幣發行利益，聯準會被國債綁架喪失了獨立性。

這種兜底方式潛藏著社會矛盾，窮人獲得保障，中產階級受損，富人更富，貧富差距進一步擴大；同時，政府負債比率持續上升，債務風險巨大。

事實上，從1930年代到「二戰」期間，美國負債比率持續上升。而這次，如果2兆美元救市計畫實施，美國的負債比率將達到「二戰」期間的最高水準。

「二戰」後，技術革命爆發，經濟持續繁榮，美國政府透過徵稅熨平了那次債務脈衝。這次該如何化解呢？總體來看，當今世界處於技術週期底部，制度建設亦在倒退，但相較於1930年代，全球化程度更高，社會福利水準更高，且有核子武器制衡，這次馬爾薩斯陷阱不太可能出現較大規模戰爭。

但是，這次馬爾薩斯陷阱定然會出現激烈的貿易衝突、嚴重的國家及意識形態對立、氾濫的民粹主義和民族主義，還有大規模的隱性財富掠奪。

這該怎麼辦呢？

技術創新和制度革新是人類跳出馬爾薩斯陷阱之關鍵。

如果全球化治理未能提升，各國該如何度過技術週期底部，「靜待」

下一次基礎技術革命的到來,帶領世界走出這次馬爾薩斯陷阱?需要說明的是,技術革命並非一定會到來,技術創新源自人力資本的累積及有激勵性的制度。

讓我們來看看三種模式:美國模式、日本模式與德國模式。

美、日、德這三個國家,人力資本都非常雄厚,關鍵看制度是否具有誘因。

美國模式,可以理解為「兩極化模式」。

從整體面來看,聯準會與聯邦政府的制度退化,有助於保障基層民眾,有助於富人及金融機構創造財富,不利於中產階級、實體經濟及技術革新。

但是,從相對面來看,美國利用其軍事、政治以及美元作為「世界貨幣」的優勢,一次次地在泡沫危機中化險為夷。即便是在金融泡沫之下,依然有大量資金、人才加入美國,其創新能力依然首屈一指。

所以,美國模式有機會突破馬爾薩斯陷阱,但過程無疑是動盪不安、驚心動魄的。

這種模式獨一無二,僅此一家。它利用了全球化後治理的脆弱,「攫取」全球人才與資本之精華,而後成其大。當然不可否認,美國最大的優勢可能是其制度的可修復性。

日本模式,可以理解為「裝死模式」。

自泡沫危機後,日本在痛苦中艱難轉型。日本政府大力支持基礎科學研究,日本企業往上游基礎技術轉型,如今已經累積了包括精密機床、機器人、半導體材料、大型核電、氫燃料、能源儲存、生物科學等關鍵技術。

日本的優勢是藏富於民，貧富差距小，經濟穩定性更強。但是，日本是富了民眾窮了政府。日本政府負債比率是全球最高的，高達253%，遠超美國。日本央行是日本股市、大型財團真正的買家。

所以，日本的一個突出特點是，風險全部集中到政府手上，民眾富有，社會福利好，人民負債比率相對低，房地產和金融泡沫低，但政府負債比率極高。需要注意的是，日本政府的負債基本源自國內，外債很少。

所以，日本模式是政府挑重擔，全民共度難關，悄無聲息地「靜待」技術革命到來。

德國模式，可以理解為「穩健模式」。

經歷了兩次世界大戰後，德國人一怕打仗，二怕通膨。

近70年，德國的通膨控制得很好，政府負債比率和居民負債比率都不高，資本市場不繁榮，金融風險低，銀行與大型製造業緊密合作，支持製造業深入發展、技術創新，大型實體的現金儲備較多。德國的弱點不太明顯，目前及未來最大的麻煩可能來自歐盟的分歧與分裂。

在應對本次疫情時可以看出，日德更加穩定，美國相對大起大落。

不過，美、德、日及其他國家若要以技術突破這次馬爾薩斯陷阱，皆離不開全球化市場。因此，亟須重塑全球化秩序，提升全球化治理水準。

參考文獻

[1] 賈雷德·戴蒙德。槍炮、病菌與鋼鐵[M]。謝延光，譯。上海：上海譯文出版社，2016。

[2] 海耶克。致命的自負[M]。馮克利、胡晉華，譯。北京：中國社會科學出版社，2000。

[3] 彌爾頓·傅利曼、羅絲·D. 傅利曼。自由選擇[M]。張琦，譯。北京：機械工業出版社，2013。

美中關係：全球化變遷的關鍵

　　美中關係，是當今全球化時代最重要的國家關係之一。

　　過去，美中關係是全球化秩序的一部分；如今，舊秩序崩壞，兩國如何重建新秩序？其前提是，美中如何重尋共識、消弭分歧。

　　從經濟學的角度觀察這一問題，真知、新知便浮上水面。

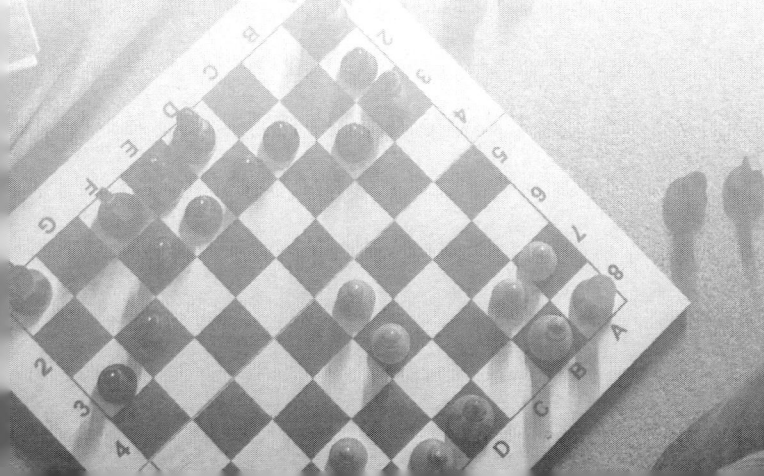

◆ 美中關係：全球化變遷的關鍵

美中關係之貿易平衡

2020年6月3日，美國政府的一系列公告令人愕然。

美國運輸部發布命令，宣布將從6月16日起暫停所有中國的航空公司執飛的美中定期客運班機。美國商務部同日也表示，在5月針對33家中國國營企業業和機構的新制裁將於兩天後生效。

2007年，哈佛大學經濟史學教授尼爾·弗格森（Niall Ferguson）和柏林自由大學石里克（Moritz Schlick）教授共同創造了一個新詞——「美中國」、「美中共同體」，稱美中已走入共生時代。

可是，如今全球最大的市場與「世界最大的工廠」起了貿易衝突。

兩國鉅額的雙邊貿易還能產生穩定的作用嗎？

筆者將從兩國貿易結構的角度，以全球化秩序崩塌與重構為線索探索美中關係。

01　美中貿易與關係

2018年初，很多人都不相信美國真會與中國發生如此嚴重的貿易爭端，更不相信如今正在爭論的美中硬脫鉤。

理由一：中國是全球最大的商品貿易國、最大的商品出口國，還是全球第二大的商品進口國。

美國是全球第二大商品貿易國、第二大商品出口國，還是全球最大的商品進口國。

據世界貿易組織統計，2018年全球貿易總額為39.342兆美元。中國為第一大貿易國，進出口總額為4.62兆美元，占比11.75%；美國為第

二大貿易國，進出口總額為 4.278 兆美元，占比 10.87%。

理由二：中國是美國最大的工廠，美國是中國最大的市場。

據海關統計，2018 年中國對美國進出口 4.18 兆元人民幣，占進出口總額的 13.7%。其中，對美出口 3.16 兆元人民幣，自美進口 1.02 兆元人民幣，貿易順差 2.14 兆元人民幣，擴大了 14.7%。

最大的工廠與最大的市場硬脫鉤，全球產業鏈不就崩盤了嗎？

理由三：中國長期是美國的第一大債權國，美國長期是中國的第一大債務國。

2018 年 2 月，中國持有的美國國債餘額為 1.177 兆美元，中國官方儲備的外匯資產為 3.134 兆美元，其中多數為美元資產。

最大的債務國與債權國「劍拔弩張」，世界還能安寧嗎？

在全球化時代，經貿關係是美中關係的穩定器。不過，兩國華麗的貿易數據資料為我們帶來了巨大的誤解。撥開雲霧，透過資料，我們可以清楚看到美中關係的脆弱性，以及兩國經貿的結構性衝突。

第一，美中貿易規模大，但經濟關係更多停留在「貿易」層面。

經濟全球化的演變從最初的貿易全球化逐步深入發展到資訊、資金、科技、人才等要素全球化，再進一步發展到財政、貨幣、國家主權、價值觀、婚姻、生活的高級全球化。

美日歐已進入要素全球化階段。歐元區達到高級全球化階段，統一貨幣，協調財政，共商外交，共建國防。歐洲曾經發生過兩次世界大戰，但「二戰」後美蘇爭霸加速促成了歐洲命運共同體。如今歐元區國家已不可能打貿易戰、科技戰、金融戰，很難再爆發戰爭。

2018 年，中國對美國進出口 4.18 兆元人民幣，其中絕大多數是商品

貿易，服務類、技術類、金融類貿易較少。

雖然美國長期向中國轉移普通製造技術，但是受高科技禁運限制，兩國缺乏深度的科技合作。

1949年，美國發表了《出口管制法》，同時主導成立了「巴黎統籌委員會」，對包括中國在內的社會主義國家實施高科技禁運。尼克森（Richard Nixon）訪中後，尤其是1979年美中建交後，美國對中國逐步放鬆防空雷達、通訊、電腦等出口管制。

但是，1999年，美國國會釋出了《考克斯報告》，對中國高科技出口重新緊縮。根據美國商務部的資料，美國對中國軍民兩用品出口管制清單包括核子材料、材料處理技術、電子技術、海洋探測技術等10大類。中國商務部的統計資料顯示，美國的出口管制政策導致美國對中國高技術產品出口額在中國同類產品進口中的占比連續下降，2001年為18.3%，到了2013年已降至8.6%。

中國金融尚未完全開放，美國金融機構在中國經營受限。兩國處於兩個不同的金融體系，中國尚未完全融入美元主導的國際金融體系。外資在中國的金融資產與工業、商貿資產占比差距極大。

很多人認為，中國是美國最大的進口國，美國短時間內難以找到這樣的「世界工廠」。但是，2019年美國對中國減少了10%左右的進口額，美國國內並未出現物資緊缺或物價上漲。這說明，這10%轉移到了其他國家或可以自主可控。

與金融貿易、技術合作相比，商品貿易的替代成本較低。越南趁美中貿易衝突更新之機全面快速開放，2019年第一季度越南對美出口與去年同期相比增加近40%。

中國最大的優勢是健全的產業網路，但是建構產業網路並沒有想像

中那麼難。只要龍頭企業遷移，相關上游供應商也隨之過去，再加上完善的基礎設施，一個產業網路很快就能形成。這些與美國做生意的人不少還是中國人，只是換了一個地方而已。

第二，美中貿易結構不完善，兩國經常專案長期失衡。

中國對美國長期順差，順差額持續擴大；美國對中國的貿易則長期赤字。

2018 年，中國對美出口 3.16 兆元人民幣，自美進口 1.02 兆元人民幣，貿易順差 2.14 兆元人民幣，擴大 14.7%。若以美元計價，中國對美國的貿易順差為 3233.2 億美元，與去年同期相比擴大 17.2%。美國只是繼歐盟、東盟之後中國第三大貿易夥伴。

很多人支持貿易順差，認為貿易順差可賺取更多的美元。這其實是一種重商主義思想。重商主義者托馬斯・孟（Thomas Mun）在其著名的《外貿致富論》（*England's Treasure by Foreign Trade*）第二章中提到，增加英國財富的基本手段是賺取貿易差額：「我們每年賣給外國人的貨物的價值要大於我們所消費的外國商品的價值。」

其實，國際收支平衡對兩國經濟是最有利的。長期的、鉅額的貿易順差或貿易逆差，都會帶來巨大的福利損失。美中兩國的國際收支長期失衡、扭曲，國際收支失衡觸發了臨界點，進而引發了貿易衝突。

有人說，中國對美國長期順差是兩國比較優勢的結果，兩國貿易源於互補關係，中國的低廉勞動力及廉價商品與美國相對技術密集型、資本密集型產品形成互補。

從貿易結構資料來看，中國對美國出口的商品集中為機電和輕工消費品，如機電、音響設備及其零件占 46%，紡織原料及紡織品占 10%。美國主要向中國出口技術及資本密集型產品，集中為機械、汽車、航

空、光學、醫療設備等。

但其實，如果兩國長期保持互補型貿易，說明這兩國間的要素長期無法流通，價格長期被扭曲，這既違背經濟規律，又容易引發經濟失衡、貿易衝突。

怎麼理解？

從貿易的起源理論來看，互補型貿易符合大衛・李嘉圖的比較優勢理論。但是，很多人忽略的是，比較優勢理論有一個嚴格前提，那就是在一個國家內生產要素可以自由流通，但是在國際不流通。

假如美中兩國的要素市場是開放的、自由化的，中國的勞動力價格優勢維持不了太久。為什麼？美國勞動力價格高，中國勞動力會向美輸出，從而壓低當地薪資；反過來，美國廠商也會選擇在中國設廠，以降低成本。後者情況已發生，只是程度還不夠。

過去一直強調中國的「人口紅利」。其實，人口紅利並沒有想像中有用。相反，長期的人口紅利說明要素無法自由流通導致勞動者收入低下。久而久之，將導致內需不振，經濟成長日趨乏力。

很多人說，美國不會放棄中國 14 億人的市場。但其實，中國 14 億人只為美國帶來 1,500 多億美元的出口，而美國 3.3 億人為中國帶來了 4,700 多億美元的出口（2018 年）。主要原因是美國 GDP 雖只有中國的 1.49 倍，但人均 GDP 是中國的 6 倍，消費能力強勁。從這個角度來看，中國對美國的市場依賴度大於美國對中國的。

所以，美中兩國龐大的互補型貿易及國際收支失衡的背後，是要素市場失靈下的畸形貿易、經濟結構和財富結構失衡的代價，以及經濟失速、貿易衝突等潛在危險。

如果兩國開放要素市場，人才、資金、科技、資訊等要素價格趨同，互補型貿易量則會逐漸減少，要素型貿易增加，屬地化生產得到強化，同時會出現要素全球化擴張。

著名經濟學家薩繆森在發展赫克歇爾-奧林模型時，提出了要素價格均等化理論。薩繆森透過研究發現，兩個國家發生貿易，如果要素市場自由化，那麼這兩個國家的資源稟賦優勢會逐漸削弱甚至消失。

兩國長期維持比較優勢，互補型商品貿易與日俱增，會使要素貿易受到限制與阻礙，國際收支嚴重失衡。美中今天之所以陷入緊張對峙，根本原因是兩國40多年的貿易之路實際上越來越偏離經濟法則，最終觸發兩國矛盾的臨界點。

02　美中衝突與舊秩序崩坍

為什麼美中兩國要素無法自由流通？為什麼兩國國際收支平衡會不斷惡化？

客觀原因是國際秩序（這裡主要指全球化經貿與金融秩序）的問題，主觀原因是兩國經濟體制及政策差異。

當今的國際秩序是「二戰」後由美國主導建立的。由於1971年布列敦森林體系崩潰，從1980年雷根改革開始，美國重新主導了全球化經貿及金融秩序。

當今全球化經貿及金融秩序以美元為基石，美元是最主要的國際結算和國際儲備貨幣。但是，這個體系依然延續了布列敦森林時期的「特里芬困境」。

為了滿足國際市場對美元的需求，美國必須向海外輸出美元，同時輸入商品。如此，美國對外貿易逆差持續擴大，早期對日本赤字，後期

對中國赤字。由於出口持續下降，產業空洞化，美國進一步藉助美元強化金融地位。這就導致了美國國內經濟失衡。

中國、日本賺取的大量美元購買美國的金融資產（國債），使美元回流到美國本土。這就導致美中兩國國際收支長期失衡。

「特里芬困境」的本質是，美元作為美國的主權貨幣，又是「世界貨幣」。這體現了貿易全球化與貨幣主權化之間的矛盾。

「特里芬困境」如鯁在喉，是美中貿易出現爭端的客觀因素，也是全球化秩序崩潰的內在因素。

全球化秩序崩潰於2008年金融危機。這場金融危機引發了歐美世界的民粹運動，美國菁英們如經濟學家克魯曼（Paul Krugman）、斯蒂格里茲（Joseph Stiglitz）深刻地意識到，全球化秩序是一個「強美元、強金融、高赤字、高泡沫」的失衡秩序。

金融危機前，全球貿易總額達歷史峰值，但貿易差額也達峰值。國際貨幣基金組織（IMF）統計顯示，1980年全球貿易順差額僅為139.2億美元，世界GDP占比僅為0.11%；然而，2007年全球貿易順差額為4130億美元，世界GDP占比高達0.7%，與1980年相比，貿易順差額增加了近30倍。

失衡的全球化經貿秩序帶來了嚴重的經濟後果。美國金融泡沫化，製造業空洞化，華爾街紙醉金迷，「鐵鏽地帶」一片凋零，貧富差距持續擴大，負債比率持續上升，最終引爆了金融危機。

經濟全球化與財政主權化、貨幣國家化之矛盾，最終導致「低通膨、低成長、低利率、高泡沫、高債務」之經濟格局。

這一基本邏輯便是全球化秩序的問題所在。美國建制派不僅沒有緩解「特里芬困境」，還利用美元的強勢地位，持續擴張美元，向全球大

規模地輸出資金。如此，加劇了貧富差距，富人藉助廉價貨幣追漲金融資產，引發金融泡沫危機，窮人有效需求不足，消費市場通縮，陷入低成長。

所以，美中關係的分水嶺始於 2008 年金融危機，始於舊秩序的崩塌。

金融危機後，全球化貿易額持續下滑，國際收支持續惡化。2012年，全球貿易順差額是 2007 年金融危機前的近 2 倍，達到歷史最高峰 7,180 億美元，占世界 GDP 的比重也進一步提升，高達 1%，貿易失衡狀況進一步惡化。

歐巴馬執政 8 年，無為而治，掩蓋了矛盾，無力修復全球化秩序。很多人感到奇怪，歐巴馬對中國相對溫和，為何川普如此「瘋狂」？

實際上，過去以美元為主導的全球化秩序，主要是由建制派（掌權派、既得利益者）、華爾街、跨國公司建構的，雷根、柯林頓、歐巴馬、希拉蕊是這一秩序的受益者。過去的全球化秩序並不是一個惠及所有人的秩序。舊秩序的崩盤是全球化經濟失衡、社會撕裂的結果，也是底層社會對既得利益者的挑戰。

但是，2016 年川普逆襲希拉蕊贏得大選，美國建制派失去了白宮掌控權。為了兌現對「鐵鏽地帶」、農業州選民的承諾，川普一上臺便把舊秩序打破，進而引發了美中貿易衝突。

川普政府指責中國操縱匯率，壓低匯率價格，擴大出口，導致美國貿易逆差。經濟學家克魯曼認為，中國對美國順差的原因不是比較優勢，而是人為干預匯率。

很多人對貿易順差賺取外匯有著天生的迷信，認為鉅額外匯存底是金融的護城河，不用擔心金融開放的風險。

其實，金融開放的國家，外匯存底反而不需要這麼多。通常，匯率自由浮動的國家，其外匯持有規模占 GDP 的 10％ 左右即可。而中國的外匯持有規模為 21.2 兆元人民幣（2020 年 3 月），占 2019 年 GDP 的 21.4％。巔峰時期，外匯存底占央行資產的 83.29％，是人民幣最主要的信用資產。

有人說，央行持有更多的美元，人民幣的信用不是更高嗎？同時，中國還持有 1 萬多億美元的美國國債，是美國的第二大債權國。

在匯率自由浮動的國家，房產、股票、貨幣等經過國際市場的反覆博弈，接受了國際定價，反而不需要大量外匯來「防守國門」，甚至可使用國債及證券來發行貨幣。中國的情況則相反，金融未完全開放，官方透過結匯制度累積大量外匯來穩定匯率和人民幣信用。

另外，川普政府指責中國的產業政策、金融政策、國有企業及市場準入障礙阻礙了要素市場流通，導致了國際收支失衡。

1995 年，柯林頓政府展開了一場對中國政策辯論：是採取遏制政策還是接觸政策？但並沒有明確結果。柯林頓政府及建制派的一貫策略是一步步試探中國，美國商會相信透過大規模的經貿合作，中國也會走向全球化市場經濟。

很多人問，中國有 14 億消費市場，沃爾瑪等美國跨國公司願意放棄嗎？在中國的跨國公司與建制派是一夥的，川普並不代表他們的利益。更重要的是，川普有意地把一些關鍵問題上升到「政治正確」層面，建制派、美國商會在對中國問題上陷入了被動。

總之，在舊的全球化秩序中，美中兩國要素市場長期扭曲，資源配置不充分，長期維持互補型貿易，兩國貿易結構及經常帳長期失衡，貧富差距擴大，金融危機爆發，觸發了美國社會矛盾，建制派垮臺，川普

政府「掀翻了桌子」，衝擊了原有合作模式。

全球化舊秩序的崩塌，是全球化的受挫者對既得利益者發起的挑戰。

03　美中融合與個人全球化

美中關係是川普政府摧毀舊秩序、重構全球化秩序的一部分。筆者一直不認同美中陷入「修昔底德陷阱」一說，但兩國若沒能就新的貿易規則達成共識、深入合作，美國定然會將中國視為策略對手。

如今，美中關係走到了關鍵的十字路口上。

舊秩序坍塌，美中畸形的貿易結構難以為繼，美中鉅額雙邊貿易額不足以作為美中關係的穩定器。

新秩序正在建構，美中之間充滿著各種情緒、紛擾與利益，雙方需重新回歸到穩定的關係上，扭轉畸形的貿易結構，建立與新秩序相適應的雙邊貿易規則。

突破點是要素自由化、全球化，即深化改革開放，破除制度障礙，促進兩國資訊、人才、科技、金融等要素流通。

要素自由化、全球化，將促進美中互補型貿易向產業內貿易轉型。它是緩解舊秩序中國際收支及經濟結構失衡的關鍵，也是建構新秩序的方向。

以美日貿易戰為例。

「二戰」後，美國與日本是互補型貿易，美國在日本投資設廠，日本出口廉價商品到美國。

1955 年，日本對美棉紡織品出口達同類進口總額的 54.7%，引起了

兩國棉紡織品貿易衝突。此後，日本合成纖維、鋼鐵、彩色電視機、汽車等逐步占領美國市場，也同樣引發了兩國貿易衝突。

從 1960 年到 1979 年，日本對美國出口額從 216.4 萬美元成長到 824,572.7 萬美元，成長了約 3,809.4 倍。其中，成長最快的是手錶、電視機、錄音機、桌上型電腦、摩托車、科學儀器、金屬製品、合成纖維、鋼鐵等。

但是，經過幾十年貿易衝突後，美日雙方逐漸形成了新的貿易規則，發展出了更為穩定的產業內貿易。

什麼叫產業內貿易？

比如日本向美國進口汽車，美國又向日本進口汽車。日本出口引擎給美國，美國出口汽車電池給日本。

如今，日本對美國出口量最大的是引擎及小客車、飛機及直升機零組件、機動車輛用變速箱，以及智慧財產權、金融等服務貿易。美國對日本出口的商品主要是糧食飲料、工業原材料及配件、汽車及飛機交通運輸成品及配件，以及智慧財產權、資本服務貿易。從貿易結構的變化可以看出，如今美日兩國以產業內貿易為主。

產業內貿易如何形成？如何從互補型貿易向產業內貿易轉型？

兩個存在發展程度差異的國家，容易發生互補型貿易。但如果兩國生產要素自由流通，原始生產資源稟賦的比較優勢逐漸消失，互補型貿易將逐漸走向產業內貿易。

能否從互補型貿易走向產業內貿易，主要取決於兩個方面：

第一，是否能打破互補型貿易的生產要素障礙？

1979 年開始，日美兩國開始就汽車貿易展開拉鋸戰。1980 年 5 月，

日本決定採取開放市場措施（取消零組件的關稅、簡化進口檢查手續）。從 1982 年開始，豐田、日產、本田、馬自達、三菱、富士重工等日本汽車公司相繼在美國進行投資生產。

日本車廠進入美國市場後，產量從 1983 年的 6 萬輛快速上升到 1989 年的 125 萬輛。後來，豐田汽車甚至力壓美國通用成為全球第一大汽車生產商。另外，本田、馬自達、日產、三菱都成為名列前茅的汽車製造商，而美國如今只剩下通用汽車和福特，克萊斯勒在金融危機中破產了。

如今，日本與美國的汽車及零配件（引擎）相互進口，完全實現了產業內貿易。

在生產要素市場的國際化、自由化過程中，日本企業在日美貿易爭端中主動求變，對外投資。如今，日本一半的產值來自國際市場。所以，產業內貿易的一大特點是廣泛的要素貿易，包括對外投資、技術貿易、共同研發等。

第二，是否能完成產業技術更新？

2000 年之後，日本企業紛紛脫離了終端業務，它們向上游核心零件和商用領域成功轉型。例如，松下從家電擴展至汽車電子、住宅能源、商務解決方案等領域；夏普轉向健康醫療、機器人、智慧住宅、汽車、食品、水、空氣安全領域和教育產業。

如今，日本在商用領域的大型核電、新能源、氫燃料電池、電力電網、醫療技術、儲能技術、生物科技、機器人研發及高級精密產業等占據了全球競爭優勢。

所以，日本與美國的互補型貿易是建立在技術換代更新之上的──市場開放，競爭加劇，要素流通，資源共享，促進技術創新。

只有占據了技術優勢，才能真正擺脫以廉價優勢為主導的互補型貿易，才能躋身國際市場建立產業內貿易。

為什麼說產業內貿易符合全球化新秩序的趨勢呢？

互補型貿易是兩國初期的貿易模式，建立在資源稟賦的比較優勢之上。互補型貿易的比較優勢指向單一的價格，容易受匯率政策、經濟政策及人為干預，從而引發貿易衝突。

反過來，在這種模式下，打貿易戰的成本相對低，而且打擊目標比較精準。在互補型貿易中，關鍵技術受限問題確實存在，而且容易遏制弱勢一方的貿易命脈。

產業內貿易是兩國可持續發展的貿易模式，建立在要素自由化及技術比較優勢之上。這種貿易關注的是需求端，雙方的產品是否受到對方消費者的青睞，基於各自產品的技術、設計以及多方優勢，而不是單一的價格。

當下，很多人對「卡脖子」的認知陷入了一種民族主義式錯誤。通用晶片、核電電網、引擎、人工智慧演算法、機器人、作業系統、半導體曝光機、生物醫藥等，掌握產業命脈的技術非常多，沒有一個國家能夠掌握所有關鍵技術。強如美國、日本，也有關鍵的技術在別人手上。

在產業內貿易中，雙方相互牽制。美國掌握了作業系統、人工智慧演算法，日本掌握了飛機引擎、光學精密儀器。美國有機器人、變速箱，日本也有。如此相互牽制，自然不會斷了對方的命脈。

全球化是個人的全球化，國際市場是全球化的自發秩序。

產業內貿易不僅有商品貿易，還包括大量的技術、勞動力、資金等要素貿易，尤其是國際資本投資、跨國公司設廠、共同研發設計，以及

大量產業內的複雜貿易關係。如此,產業內貿易可以降低互補型貿易商品的單一性和價格競爭的單一性,可以促進全方位合作、多元化互利、深度滲透、高度捆綁。

產業內貿易才是真正的全球化,它猶如人體神經網路一樣將不同性格、膚色的人連結在一起。各個產業、各個公司、各個消費者因完全不同的偏好相互貿易,不由價格單一指標決定。

在舊的全球化秩序中,美中要素市場沒有完全打通,兩國經貿未惠及所有人。從「三零」貿易規則和世界貿易組織改革來看,資訊、人才、資金、科技在「零關稅、零障礙、零補貼」中自由流通是大趨勢。

所以,美中要素自由流通,推動兩國互補型貿易向產業內貿易轉型,緩解舊秩序下美中國際收支及經濟結構失衡,符合新秩序之大勢。產業內貿易才是可持續的貿易結構,才是美中兩國的穩定器。

要素自由化是全球化發展的必然趨勢。從互補型貿易到產業內貿易是美中貿易史上的一道檻,是中國貿易轉型、經濟結構轉型的一道門檻。

舊秩序崩塌,鉅額貿易背後隱藏著兩國關係的脆弱性及全球化失衡。新秩序正在建構,雙方需要謹防借民族主義旗號破壞美中關係,阻礙深化合作,捍衛既得利益。正如羅曼·羅蘭(Romain Rolland)在「一戰」爆發前就不斷向人們呼籲:「現在是一個需要保持警惕的時代,而且愈來愈需要警惕。煽起仇恨的人,按照他們卑劣的本性,要比善於和解的人更激烈、更富於侵略性,在他們背後還隱藏著物質利益。」

參考文獻

[1] 湯瑪斯・孟。英國得自對外貿易的財富［M］。袁南宇，譯。北京：商務印書館，1997。

[2] 史蒂芬・褚威格。羅曼・羅蘭傳［M］。北京：團結出版社，2003。

美中關係之基本邏輯

　　1980 年代「雷根經濟循環」推動了全球化金融資本主義秩序的建構。這種資本帳獲利、經常帳長期虧損的扭曲模式，促使全球經濟結構長期失衡，最終導致 2008 年全球金融危機爆發，並達到美國國內社會矛盾臨界點，美國選民透過民主選舉的方式扭轉了這一局面。

　　美中貿易衝突則是在全球化資本主義秩序的框架下，美國國內矛盾轉移與舊秩序成為根深蒂固的問題的一種投射。這也象徵著金融資本主義國際秩序已經窮途末路。

　　美國政治的現實主義回歸，中國經濟換檔降速，促使美中關係在 2018 年相互碰撞、疊加共振。川普政府上臺，其真正的策略則是建構一個全新的自由主義全球化秩序，試圖以「川普循環」替代「雷根經濟循環」。

　　這次歷史性的大國博弈與秩序重構，將帶給中國真正的考驗是國本的消耗風險、「堰塞湖」的崩潰風險以及策略性道路遭遇國際新秩序的阻礙風險。原有的中國製造 - 美國金融的循環若被打破，原有的國際產業大分工的地位受到挑戰，中國該如何應對新自由主義國際秩序？

01　美中關係穩定器：
　　　金融資本主義秩序下的利益大循環

　　過去 40 多年，尼克森、雷根、季辛格、老布希、柯林頓、小布希、歐巴馬跟中國關係都還不錯。2008 年，在全球金融危機的關頭，美中聯手共同抗擊，表現出美國建制派對中國的信任。但是，2018 年，川普向中國發難。

◆ 美中關係：全球化變遷的關鍵

　　從2008年到2018年這十年，美中之間到底發生了什麼？只有釐清歷史的脈絡，跳出現實的主觀情緒，從基本邏輯才能真正洞悉美中關係之演進。

　　自從1980年代聯準會主席保羅‧沃克強勢升息，打造強勢美元之後，美國在「雷根經濟循環」中重新找到了一種領導全球化的方式——全球化金融資本主義秩序，即一種強美元、強金融、高赤字的全球化遊戲規則。

　　這是一種資本帳獲利頗豐、經常帳不斷惡化的失衡模式。強美元、強金融，必然導致美國高貿易赤字、高政府負債。

　　在這種規則之下，美國的金融企業、科技企業自然是最大的受益者，美國華爾街、建制派、傳統政客也是樂見其成。

　　全球化金融資本主義秩序的另外一大受益者就是與美國發生貿易的廉價製造大國。強美元有利於美國進口，而不利於本國製造業出口。過去，這一受益者是日本、韓國等，之後則是中國。

　　中國逐漸成為美國的工廠，為其輸送源源不斷的廉價商品。中國賺取大量外匯後，又以購買美國國債的方式，將美元輸送回美國，以減緩美國國內美元輸出型通縮的壓力。同時，美國金融界和商業界享受著廉價美元的便利並在全球投資獲利。

　　中國將貿易順差形成的外匯存底以不到3%的利率借給美國，美國運用借來的資本以FDI和避險基金的形式在中國及全球進行投資，近20年得到複合收益率大約為18%，中間15%左右的利差便是美國資本帳下的超額利潤。

　　所以，美國利用別國廉價製造成本與國內建制派、金融界、商業界形成利益互補，構成了全球金融資本主義的循環。

然而，這種金融帝國攫取的剩餘價值，僅僅有利於華爾街金融菁英集團，帶給中低端階級的卻是由於資源向金融資本傾斜而導致的產業資本衰退，以及製造業空洞化造成的失業。美國製造業受到廉價進口商品的衝擊越來越嚴重，「鐵鏽地帶」與華爾街之間的社會矛盾日益突顯。

五大湖區曾經是美國的驕傲，塑造了美國重工業的光輝史，其中底特律是世界汽車製造基地，匹茲堡則被稱為鋼鐵城。在1950、1960年代，「鐵鏽地帶」最為巔峰時，將近創造了美國一半的經濟總量和一半的產業工人就業。然而，到21世紀初，這兩個數字都降到30％以下。近年，「鐵鏽地帶」的經濟總量比重維持在25％左右。

美國獨立性民調機構皮尤研究中心的資料顯示，1964年美國工人階級的名義薪資（時薪）為2.5美元，到2014年成長到20.67美元。但按實際購買力計算，美國工人薪資在50年間幾乎沒有成長，1964年的實際薪資已相當於今天的19.18美元，甚至1973年1月的實際薪資相當於今天的22.41美元。

「鐵鏽地帶」的鏽跡斑斑，與華爾街的盆滿缽滿、紙醉金迷構成潛在的國內矛盾。但是，此時這一矛盾並未激化，中國與美國華爾街、建制派、傳統政客依然有著強大的利益互補性。所以，1978-2008年這30年間，美中關係從陌生到熟悉、從試探接觸到合作雙贏，基於巨大貿易規模的利益關係成為兩國關係的穩定器。

02　美國政治：從自由主義轉向現實主義

2008年，由美國次貸危機引爆的全球性金融危機是美中關係的轉捩點。

這場金融危機對美國社會帶來了較大的創傷，徹底激化了國內社會

矛盾，以至於美國民粹主義泛起，傳統政客勢力大受削弱。

金融危機之後，占領華爾街運動爆發，美國底層民眾控訴財政部拿著納稅人的錢，救濟貪得無厭的華爾街大佬，控訴聯準會為這些引發金融危機的金融機構兜底，控訴聯邦政府讓金融機構賺得盆滿缽滿，而無視美國製造業凋零、工廠倒閉、工人失業。

美國社會菁英階層對這場金融危機以及全球化問題做了非常深刻的反思。他們將這場金融危機的責任歸於美國建制派、傳統政客、社會菁英、華爾街金融大佬。

事實上，早在小布希政府時期，聯邦政府就已經意識到了全球化帶來的經濟結構失衡。於是，聯邦政府為了緩和社會矛盾，提出再造美國夢的計畫，讓美國人人有房子住。

這個時候，傳統政客、聯準會、華爾街再次默契配合：先是聯準會大幅度下調利率，釋放流動性支持民眾貸款；以雷曼兄弟為代表的華爾街金融機構則大量發放次級貸款，讓底層民眾買房。

同時，聯邦政府站出來做隱性擔保。聯邦旗下的房地美、房利美兩家全美最大的住房貸款抵押公司，負責收購金融機構的貸款合約，然後打包到金融市場上銷售。一旦發生危機，聯準會會為這些金融機構充當最後貸款人。

但是，房地產和經濟過熱引起了聯準會的警惕，出於對通膨目標負責，聯準會於 2005 年開始升息，一些次級貸款逐漸違約；到了 2007 年，次級貸款崩盤，進而引發金融危機。

在美國菁英們眼中看來，全球化背景下經濟結構失衡是美國社會矛盾的根源。這種不平衡導致了美國製造業的凋零與華爾街的暴富，並讓美國產生了嚴重的社會矛盾。

所以,在全球化金融資本主義秩序中,經濟結構失衡一旦接觸到了社會矛盾的臨界點,美國社會就會透過民主選舉的方式來扭轉這一局面。這個時候,出於對選票的爭奪,美國兩黨的政治態度開始由原來的自由主義轉向現實主義。

之前,美國建制派在經濟上和政治上主要以自由主義為主。1980年代開始,雷根推動改革,經濟政策上,採用了新自由主義代表供給學派的主張,走向放鬆管制、自由放任;貨幣政策上,採用了另一個新自由主義陣營芝加哥學派貨幣主義的主張。政治上,一直秉持尼克森、季辛格確定的對中國交往政策。

1990年代,蘇聯解體,冷戰結束,美國政府高層就對中國的策略調整問題爭論不休。1995年,柯林頓政府展開了一場對中國政策辯論:是採取遏制政策還是接觸政策?辯論最終並沒有明確的結果。柯林頓政府的做法是一步步試探中國,也發生過一些令人不愉快的事件。

當時,以美國為代表的資金掀起了一波對中國投資潮,麥當勞、沃爾瑪、通用汽車、西門子正式進入中國。美國商會在「看不見的手」的指引下,忍不住敲開中國的大門,一探究竟。

美國政治菁英其實更偏向於理想主義。美國歷史學家白修德(Theodore Harold White)在其紀念美國建國210週年的文章中曾總結:「美國是一個由思想產生的國家;不是這個地方,而是思想,締造了美國。」不過,每當遭遇政治的選票危機時,政治菁英又會將自由主義的時針向現實主義回撥。

2008年後,美國選民開始把票投給跟過去不一樣的總統,美國第一位黑人總統歐巴馬趁機上臺。當時美國人感覺黑人總統與傳統白人政客不同,更能夠代表底層人民的利益。但是,沒想到歐巴馬也是一位傳統政客。

到了 2016 年，美國民眾忍無可忍，徹底拋棄了傳統政客希拉蕊，支持了最不像總統的川普上位。「川普效應」實際上是全球化金融資本主義秩序與美國民主政治之間衝突的結果。

03　中國政策：從「步步為營」轉向策略性改革開放

1978-2008 年，中國的改革開放其實並沒有明確的規劃。

2001 年朱鎔基總理抓住了機遇，力排眾議答應了「入世」談判的最後一些條款。在九一一恐怖攻擊爆發僅 3 個月後，中國順利地加入了 WTO。

在美國國內，小布希政府同意中國「入世」這一決策引起了巨大的爭議，當時柯林頓和小布希幾乎動用了所有的政治資源和力量才促成了此事。政治上最終的決定是，對中國採取所謂的二元策略，即增加接觸的同時在亞洲對中國進行一定的遏制。

但是出人意料的是，在經濟上兩國的貿易、投資出現爆發是成長。如今美國貿易代表萊特希澤（Robert Lighthizer）對中國加入 WTO 仍舊耿耿於懷，他認為這是美國政府當時犯下的錯誤。

加入世貿組織的前 7 年是中國進入全球化的輝煌期，美中貿易規模大幅度成長。美中貿易額從 2001 年的 804.85 億美元增加到 2017 年的 5,836.97 億美元，年平均成長率達到 13.2%，尤其是 2000-2008 年，美中貿易額始終保持兩位數成長。此時美中兩國的經貿關係可以概括為：中國是美國的工廠，美國是中國的市場。

所以，在 2008 年之前，中國「步步為營」式的改革開放非常符合美國建制派和金融界的利益，也契合自由主義的潮流。

但是，2008年這場金融危機給中國極大的警示：出口貿易依賴性過大，容易遭受國際市場外溢性風險的衝擊。

中國的政策開始由原來的「步步為營」轉向策略性改革開放。

首先，中國開始調整經濟結構，減少對外出口的依賴性，強化內需和投資對經濟成長的拉動作用。

2013年開始，中國開始進入新時代，明確提出了「一帶一路」倡議以及亞投行建設，強化了對外開放的策略性。中國試圖在亞歐大陸建立「新絲路經濟帶」，打造命運共同體。不過，美國對此有著不同的看法。

這一策略性調整的結果，很明顯地反映在出口數據上。2008年前後，中國出口占GDP比重高達40%，是中國第一大經濟成長動力；2018年前後，這一數據下降到20%左右。

這些年，中國對「一帶一路」沿線國家出口快速增加，對歐美國家則維持緩慢成長。

2016年，中國對巴基斯坦、俄羅斯、波蘭、孟加拉和印度等國出口分別成長11%、14.1%、11.8%、9%和6.5%。同期，中國對歐盟出口成長1.2%，對美國出口微增0.1%。而在此之前的2000-2008年，美中貿易額始終保持兩位數成長。

不過，2008-2018年，雖然中國的出口依賴度大幅度下降，但是中國依然在此時超越了日本成為美國最大的貿易夥伴。同時，中國對美國的貿易順差從2001年的280.80億美元擴張到2017年的2,758.12億美元，主要原因是美中貿易規模的基數大。

此時，美中貿易的結構變化促使美中關係陷入尷尬境地。一方面，對美出口增速的放緩以及依賴度的降低，對美中關係的穩定產生了影

響。美國建制派、金融界和傳統政客的控制感降低，一定程度上感到莫名的失落。另一方面，2,000多億美元的鉅額赤字又嚴重地刺激了美國製造業以及政治左派勢力。

其次，中國策略性改革開放還包括強化國營企業，如高鐵、飛機製造、通用晶片、通訊技術、高階製造設備等產業。基於中國特色的產業政策及所有安排，以策略性的方式支持市場競爭，這一做法在一定程度上讓美國商業界難以理解。

所以，2018年，中國政策的策略性轉向加上美國政治的現實主義回歸，美中關係開始相互碰撞、共振。

對中國發起貿易制裁，美國兩黨、兩院的政治立場出奇一致，甚至對中國最了解、最寬容的美國商業界也站到了中國的對立面。

04　美國策略：應對巨人，贏得政治選票

川普上臺之後環顧四周，找到了一個假想的巨人對手 —— 中國。1980年代，這個巨人曾是日本。

2008年金融危機之後的十年，中國超越了日本成為世界第二大經濟體，超越了日本成為美國最大的貿易夥伴，超越了日本成為美國最大的債權國，超越了日本手握全球最多的美元外匯存底。

對中國政策是每一屆美國總統選舉的一張重要的牌。幾乎每位候選人都對中國放「狠話」，但兩國關係都還在「美中利益循環」的框架內。美國選舉的這一傳統使中國經濟學界一度認為，川普也是老調重彈，不曾觀察到美國政治正在從自由主義轉向現實主義。

川普認為，美國的工廠倒閉、工人失業，是因為中國人搶走了美國

人的生意和工作；美國的高貿易赤字，是因為中國人利用低匯率、高補貼刺激了出口，賺取了大量美元外匯；美國的政府高負債，是因為中國人賺走了美元，然後買了美國的國債，成了美國最大的債主。

從歷史根源上考慮，美中貿易問題的深層次原因是美國在1980年代開始主導的全球化金融資本主義秩序導致美國經濟結構失衡，這一失衡最終突破了美國社會矛盾的臨界點。

這一美元主導的金融資本主義秩序，必然導致美國逆差不斷擴大。每當逆差觸及美國社會矛盾的臨界點時，美國政府都會使用貿易保護主義或國家主義，對貿易對方國進行干預，試圖降低貿易赤字，緩解政治選票上的壓力。

貿易衝突對美國構成一定的壓力，中國也不願意與美國增加貿易衝新，更何況，兩國存在廣泛的貿易基礎，因此雙方在2019年達成了一定的合作。

第一，中國加大了對美國的商品採購，緩解經常帳目失衡這一局面。

中國已承諾加大採購美國商品以降低美國對中國的貿易赤字。

預計，中國對美國商品的進口額尤其是農產品方面將大幅度增加，這對中國的外匯存底是一個考驗。

這一結果雖然無法改變美國經濟結構問題，但是對川普政府來說至關重要。川普政府需要透過貿易赤字縮小這一簡單而直接的數據，獲得選民的支持，以進一步推進對中國政策以及第二任總統選舉。

第二，中國降低了關稅，進一步擴大開放。

中國已經批准下調700多種商品的進口關稅，包括汽車整車的關稅

下調至 15%。同時，已經在銀行、金融資產管理、證券、期貨、保險、支付機構、評級機構、汽車、造船、飛機製造等領域開放市場，取消了汽車行業外資持股限制。

這一結果是美國金融界、商業界、建制派等傳統勢力希望看到的。市場的開放，短期來說會對中國國內金融企業、製造企業帶來一定的衝擊，但長期可以促進金融企業、製造企業改革，有助於提升整個產業的國際競爭力。

第三，中國應該承諾加強智慧財產權保護，禁止強制技術轉讓。

強制技術轉讓對美國商業界的刺激很大，畢竟技術是他們的核心競爭力。在這方面，美國商業界斷然不會妥協。如果在這個問題上難以達成合作，美中之間的穩定則可能動搖。

當然，中國大機率會強化智慧財產權保護，但這是一項系統性又十分繁雜的工作。預計未來美國會在中國某些專利技術產權上作文章，以向中國施壓，推進這一協議。

與智慧財產權保護類似，美中在減少政府補貼、維持匯率穩定方面應該都能達成某些協議，但是在執行上會有反覆博弈。中國政府補貼與各項產業政策、國有企業息息相關，而後者幾乎難以在短時間內發生根本改變。

未來，政府補貼可能會減少，產業政策可能更偏向於一般性政策、總體性政策，較少直接的經濟補貼或優惠政策。

匯率問題，其實是經貿關係的核心。當年美國、日本、英國等五國簽署的「廣場協議」，試圖透過匯率來扭轉國際貿易及投資失衡。2018年，美元連續升值，對人民幣帶來較大的貶值壓力。

就當前而言，人民幣大幅度貶值或升值，都不利於國內經濟穩定。如果人民幣快速升值，很可能引發國內高資產價格形成的「堰塞湖」崩潰風險。而匯率穩定，雖然對外匯存底帶來壓力，但短期內美中雙方都願意在此方面達成協議。

不過，長期來說這是一項非常不確定的合作項，畢竟在中國外匯的市場化改革、國際市場風險以及美中利益博弈之間權衡取捨並不容易。

最後，在中國國有企業及相關控制領域，以及結構性改革方面，美中雙方短期內比較難有合作。

中國新的發展策略不會輕易改變，美國雖不期望短期內達成合作，但會長期對中國施壓。更可能的是，美國會透過建構新自由主義全球化秩序、制定新的國際遊戲規則來孤立中國。

所以，這一次貿易爭端必然是長期的博弈，需要靈活的策略，更需要清晰的策略。

05　美國策略：從金融資本主義到新自由主義

川普浮誇的表演和密集發布的推特貼文具有很強的主觀感受，以至於許多人進入「修昔底德陷阱」之誤。

美國政治從自由主義轉向現實主義，這裡存在一個分歧：一種觀點認為，美國政治和經濟都向左，政治上是現實主義，經濟上是重商主義、保守主義、國家主義。另一種觀點則認為，美國政治向左，但經濟依然向右，正在建構新自由主義全球化秩序。

筆者支持後一種觀點。每一次全球化大退潮，實際上都是全球化秩序重構之際。美國政治上走向現實主義，正是在醞釀更大的經濟上的新自由主義。

川普政府試圖從根本上扭轉經濟結構失衡的被動局面，想要建立一個零關稅、零障礙、零補貼的自由貿易區，也正在修訂世界貿易組織的規則，重新制定一個新自由主義的全球化遊戲規則。

川普政府以「美國優先」為原則來建構這一新秩序，首要目的定然是解決國內經濟結構失衡的問題，而其種種舉措的構想是使美國從「雷根經濟循環」進入「川普循環」。「雷根經濟循環」下的金融資本主義秩序在2008年走入了困境。川普政府試圖注入「要素全球化、自由化」來改變過去金融全球化、貿易全球化的畸形結構，化解強美元與高赤字之間的矛盾。

事實上，新自由主義秩序的構想在經濟學上符合要素價格均等化理論。

在零關稅、零障礙、零補貼、匯率自由浮動、資金自由流通的全球化新自由秩序中，商品、資金、勞動力、技術等生產要素可以在全球市場更大程度地充分配置，從而促進要素價格均等化，緩和因長期價格差而產生的長期貿易失衡或產業結構失衡的矛盾。

如此，美國依然可以在全球金融市場上守住傳統優勢，同時製造業也能夠獲得足夠的競爭優勢，國內經濟愈加平衡，而社會矛盾也因此緩解。

當然，由於「特里芬困境」的存在，新自由主義秩序無法從根本上改變經濟結構失衡的問題。

因為國家主權貨幣的世界貨幣化，定然轉變為國際秩序的不平衡以及全球經濟結構的不均衡。當今世界美元站在全球經濟權力金字塔頂端，手握金融主導權，建構了金融資本主義的勢力範圍，舉手投足就能誘發週期性震盪以及形成結構性差距。

這是超主權貨幣對全球經濟利益的攫取與國家主義之間的衝突。

當然，這不妨礙一個生產要素全球化的國際秩序的進步意義。

不過，2021 年，美國民主黨人拜登重新奪回了白宮的掌控權，他是全球化現有秩序的捍衛者，所謂新秩序的建構遙遙無期。這也讓美中關係增加了一些不確定性。

◆ 美中關係：全球化變遷的關鍵

美中關係之世界秩序

2020年，世界變了。

大疫之下，各國臨時「閉關鎖國」，設法組建國內供應鏈，回歸經濟主權。世界正在「去全球化」。同時，國家紛爭白熱化，政治權威、民族主義崛起，意識形態鬥爭激烈，「卸責」比賽替代了東京奧運。

很多人感覺到，過去的全球化秩序正在解體，2020年成為「歷史的分水嶺」。

全球化秩序存在哪些問題？又是如何崩潰的？疫情之後的世界將如何演變？到底是去全球化，還是重構更高級別的全球化模式？

本部分深入全球化的內在矛盾，透視全球化秩序變遷。

01　脆弱性與反脆弱：經濟全球化與民族國家之矛盾

新冠肺炎疫情印證了全球化，同時也正在壓垮全球化秩序。

全球化的過程，是一個國家主權不斷向外讓渡的過程。從貿易全球化到金融全球化、要素全球化，再到生活全球化，全球化程度越高，國家主權越弱。

可見，經濟全球化與民族國家之間有著天生的矛盾。

理想的全球化是沒有國界的全球化，是個人、家庭、企業及社會組織之間網路密布的資訊、商品、資金、科技及情感交流。

但是，由於交易成本的存在，全球化並不是均衡的，更不是人人受益的。當今世界，人們還無法脫離國家而存在。

在全球化時代，國家應該扮演什麼樣的角色？

這是一個嚴肅的命題。

在當今的全球化世界中，經濟全球化與民族國家存在兩組矛盾：

經濟全球化與政府權力之矛盾

1951 年，法國、聯邦德國、義大利、荷蘭、比利時和盧森堡六國在巴黎簽署了《歐洲煤鋼共同體條約》，決定建立煤鋼的共同市場。

歐洲煤鋼共同體是世界第一個「跨國家」機構。加入這個機構，意味著國家煤鋼開採與支配主權無法獨立自主。

如今，歐洲基本實現了整合，歐元區成員國已讓渡了關稅、貨幣及部分財政、外交、國防主權。

全球化對國家主權的打擊，首先是對政府權力的削弱與制約。

在加入全球化前，政府壟斷了國家權力，擴張多少貨幣、發行多少政府債券，政府說了算。加入全球化後，各國政府的權力被削減，政府之間相互競爭與合作。因此，一些國家的政府主動排斥全球化，或僅將全球化作為一種工具。

在非洲、中東、亞洲、南美等一些國家，政府並不願意過度參與經濟全球化。即便全球化能夠改善國民的生活，這些政府也可能拒絕全球化。相反，他們傾向於喚起國家主權、民族意識，以避免手中的國家權力受到制約。

如此一來，各國全球化程度差異巨大，全球化與民族國家的矛盾更加突出。

例如，歐洲譴責巴西放任亞馬遜雨林火災蔓延，巴西總統則認為這是巴西主權，他國無權插手。歐洲人渴望「地球之肺」的新鮮空氣，巴西政府考慮的是當地農民的生計，默許火燒雨林開墾農田。

七大工業國組織表示，願意籌措 2,000 萬歐元幫助亞馬遜滅火。巴西總統對此嗤之以鼻，並稱西方援助是「帝國主義侵犯主權，另有所圖」。

又如，關於疫情資訊問題，各國政府爭議巨大。疫情資訊是不是國家主權？如果世界是隔絕的，俄羅斯是否公開資訊與他國無關。但在全球化時代，疫情資訊定然超越國家主權，應成為全球共享的資訊。任何國家政府都不能以國家主權之名隱瞞疫情資訊。

再如，關於疫情的控制模式，各國爭議同樣巨大。疫情能否有效被控制，取決於控制最差的國家。如果防疫最差的國家政府不作為、亂作為，他國能否對其插手介入？這個國家的政府能否以他國干涉國家主權之名反擊？

當今的世界，「一人得病，全球遭殃」，疫情全球化對國家主權構成了挑戰。

全球化風險與國家治理弱化之矛盾

全球化主要是由自由市場推動的，但是自由市場伴隨著各種外部性風險，比如空氣汙染、難民問題、種族融合、金融危機、病毒「世界流行」。

如何應對全球化風險？

全球化程度高的國家，其國家主權及政府行政權力被弱化，這一弱點在疫情面前被放大。

疫情來襲，這些國家政府無法立即封城、實施宵禁、進行停產。在歐洲，德國、法國、義大利等任何一個國家若採取這種模式，對他國的經濟打擊都難以想像。但是，一旦一個國家被攻陷，若不採取有效措

施，對他國來說同樣是災難。

全球化導致國家治理弱化，難以應對全球化風險。全球化程度高的國家如美國等，被病毒傳染的風險更大。這就是全球化的脆弱性。但這並不是支持反全球化、去全球化。

國家治理弱化的部分應該由國際組織填補，但是國際組織的全球化治理退化，為病毒留下了一個巨大的漏洞。

如今的國際組織脆弱不堪，世界貿易組織缺乏應對疫情的預案，世界衛生組織在這次疫情中的表現備受爭議。

歐盟算是比較成功的國際化組織，但是依然在這次疫情中暴露了缺陷。義大利防疫失利主要原因是醫療資源不足。義大利長期受債務危機困擾，政府沒有足夠的資金擴充公共醫療資源。義大利政府的財政赤字受歐盟約束，財政擴張受制於歐元區貨幣擴張。這是歐盟強貨幣與弱中央財政的治理矛盾問題。

為了規避疫情全球化風險，各國開始回歸到國家主權、經濟主權的界限之內，政府趁機強化行政權力。歐美很多自由主義學者擔心，疫情過後是否會帶來國家干預主義，生活在「全面監視」之中。

當前，各國發表了臨時防禦法案或行政令，防控模式及執法程度差異巨大。這可能引發國家主權及公民權衝突。

比如，新加坡對防疫違法嚴懲不貸，若他國公民遭遇新加坡政府制裁，是否涉嫌侵犯他國公民權？

美國前國務卿季辛格曾指出經濟全球化與民族國家的矛盾：「這個世界的政治組織和經濟組織不同步。國際經濟體系已經全球化，而世界政治結構還是以民族國家為基礎。」

全球化經貿關係是由無數個市場契約構成的，是建立在理性之上的。但是，民族國家中的意識形態、民族主義、群體非理性及國家力量，對全球化並不友好。

理論上，全球化對所有國家都有利。現實中，全球化大多數衝突均源自外部性。

全球化對開發中國家有利，因為資訊、知識及通用技術具有外部性，開發中國家可獲得大量現成的知識及技術轉移。但是，一些開發中國家可能會藉助這一外部性，引發智慧財產權爭端。更可怕的是，這種行為被偽裝為「開發中國家追趕先進國家」的經濟學理論。

全球化對先進國家也有利，因為先進國家的貨幣具有外部性。但是，一些先進國家往往利用其貨幣作為「世界貨幣」的壟斷優勢，從全球攫取鑄幣稅。

實際上，在全球化時代，國家應該從民族國家演變為契約國家。

國家存在的價值是幫助國民與他國簽署共同契約，以降低全球化交易的成本。具體職責包括共建全球化秩序，組織、協商關稅及競爭規則，打擊國際犯罪，等等。

02　舊秩序與大變革：全球化秩序與個體利益之矛盾

雖然經濟全球化與民族國家有著天生的矛盾，但是二者相互磨合，全球化不會崩潰，會吸收更多「民族性」，民族國家亦會在全球化中逐漸轉型。

但是，全球化秩序會崩潰。

當前的全球化秩序始於「二戰」後，在1980、1990年代充分發展，

在2008年金融危機中開始崩潰。美中貿易衝突是全球化秩序矛盾的焦點，新冠肺炎疫情或許是壓垮全球化秩序的最後一根稻草。

這個維持了70多年的全球化秩序，由聯合國、世界貿易組織、國際貨幣基金組織等國際機構維繫，是人類大規模合作的成果，給世界帶來了長久的和平與繁榮。

比如承認民族自決權，結束了殖民統治。《聯合國憲章》將「發展國際以尊重人民平等權利及自決原則為根據的友好關係」確立為聯合國的宗旨之一。

不過，維持這一全球化秩序的穩定器是貿易全球化（注意：本部分討論的全球化秩序主要指全球化經貿秩序及國際貨幣體系）。

朝貢體系、政治聯姻、軍事同盟均無法持續維繫國家關係，唯有網路密布的經貿關係才是兩國關係的穩定器。

1980年代開始，金融化、數位化及跨國公司三股勢力興起了全球化浪潮，新興國家加入其中，全球化快速推進，貿易規模迅速膨脹。

如今，經貿這塊穩定器如此厚重，全球化秩序為何依然岌岌可危？

主要原因是經濟全球化本身存在兩大難以克服的矛盾：

貿易全球化與法定貨幣之矛盾

當今貿易全球化秩序是以美元為基石的秩序。但是，這一秩序存在一個致命的問題，那就是「特里芬困境」。

歐洲國家抓住這個弱點，用大量的美元向美國兌換黃金，導致美國黃金虧空，爆發美元貶值危機。最終，尼克森總統在1971年宣布美元與黃金脫鉤，導致布列敦森林體系崩盤，國際匯率動盪不安，重創全球化秩序。

後來，世界進入信用貨幣和浮動匯率時代，美元無須咬緊並硬性兌換黃金，聯準會獲得了更大的靈活性。但是，「特里芬困境」依然存在。

在出口美元與出口商品間，美國選擇出口美元。最近 40 多年，美國保持相對強勢，貿易逆差持續擴大，國內製造業出現空洞化。由於美元不再是硬性兌換，他國無法像布列敦森林體系一樣直接兌換黃金導致美元貶值。

但是，實體產業空洞化會慢慢侵蝕美元的信用基礎。為了維持美元的信用，美國不得不在軍事、金融、國際政治及公共財建設上持續增加籌碼。如此，美國政府發行大規模的國債，他國用美元購買其國債，使美元回流到美國國內。

但是，大規模的國債其實是在透支國家信用，最終亦無法支撐美元。所以，如今的全球化秩序依然無法解決「特里芬困境」。

「特里芬困境」的本質是，美元作為美國的主權貨幣，又是「世界貨幣」。依靠主權國家貨幣來支撐國際清償能力的貨幣體系，定然因「特里芬困境」而走向崩潰。而且，目前還沒有出現成熟的替代方案。

這體現了貿易全球化與貨幣主權化之間的矛盾。「特里芬困境」如鯁在喉，是全球化秩序崩潰的內在原因。

資金全球化與勞動力本土化之矛盾

現行的全球化秩序中，還有著一組尖銳的問題：資金全球化與勞動力本土化的矛盾。

資金是天然的生產要素，但是勞動者不是天然的生產要素。資金為逐利而生，無國界；但勞動者首先是一個社會人，然後才是勞動者（經濟人），而且是有國籍的勞動者。

在全球化時代，資金與勞動力自由度差異形成了一道財富裂痕：資金可以在全球自由配置，在全球獲取利潤。但是，勞動者由於受到國籍等限制，無法在全球自由配置。

比如，美國的企業因本土薪資高，將資金、設備、工廠轉移到薪資更低的中國，然後賺取利潤。但是，美國和中國的工人卻無法在全球自由流通。中國的工人無法到美國就業賺取高薪資；美國「鐵鏽地帶」的工人無法到中國來就業，只能處於失業狀態。

一旦這個國家的產業及工廠都遷移到海外，而這些工人又無法到他國就業，他們就將面臨失業。工人重新培訓再就業的門檻往往很高，轉業的成本阻礙了勞動力在不同行業間流通。

反過來，埃克森美孚、蘋果、摩根大通、高盛等跨國公司在全球獲利豐厚。

英國經濟學家斯拉法（Piero Sraffa）「用商品生產商品」的經濟邏輯推測：「經濟成長的結果，將是薪資在國民收入中所占的比重下降，薪資與利潤之比朝著不利於薪資的方向變化。」

如今全球貿易基本以比較優勢為基礎。有人說中國勞動力價格上漲，比較優勢正在消失。其實，長期維持一種比較優勢是有問題的，說明這兩個國家存在限制要素流通的因素。

李嘉圖的比較優勢理論有一個前提是兩國之間要素不流通。中國一直維持低薪酬，說明工人無法自由流通到國外謀取高薪酬。誠然，資金的全球流通可以平抑美中勞動力市場的價格。但是，勞動力的限制性流通，極大地扭曲了兩國的薪資價格。

這兩組矛盾會造成什麼樣的後果？

這兩組矛盾共同導致經濟結構失衡、貧富差距擴大，即華爾街紙醉金迷與「鐵鏽地帶」一片凋零。「特里芬困境」和資本全球化，有利於美國金融產業發展。跨國公司在美國享受廉價的美元，在中國享受廉價的勞動力，同時還享受各國低廉友好的稅金。

而「特里芬困境」和勞動本土化，導致美國製造業空洞化、工人失業及中產階級萎縮。美國的貧富差距正是從1980年代開始，伴隨著全球化的發展而迅速擴大的。

自1997年以來，美國製造業就業人數下滑了大約30%，而1973年至2017年，全球化加速的40多年中，美國生產率在提升了77%的同時，受薪階級薪資僅有12.4%的成長。

1980年，美國收入前40%的家庭的平均收入是收入後60%的家庭的平均收入的4倍。到2016年底，兩者的收入之比擴大到了10倍。

世界銀行繪製的「大象曲線」說明，過去40多年，銀行家、跨國公司股東等全球財富占比前1%的富人，其財富迅速增加，而原來全球財富占比10%～25%的中產階級則快速縮減。

可見，這種全球化秩序是一個高美元、高赤字、高債務、結構失衡、貧富懸殊的國際秩序。這一秩序的獲益者是建制派、華爾街及跨國公司，受害者是美國製造業、藍領工人及中產家庭。它體現了全球化秩序與個體利益之間的矛盾。

這一秩序最終引爆了2008年金融危機。

聯準會長期以「不對稱操作」為金融界輸送美元，持續累積金融風險。小布希政府時期，為了緩和社會矛盾，讓窮人能夠買得起房，鼓勵次級貸款，最終引發了次貸危機。

金融危機後，全球化秩序逐漸走向崩潰。

季辛格說：「每一種國際秩序遲早都要面對挑戰其凝聚力的兩種傾向的影響，要麼重新界定合法性，要麼均勢發生重大變化。當支撐各種國際安排的價值觀被根本改變時，就會出現第一種傾向。」

金融危機後，歐美國家民粹主義崛起，美國藍領工人試圖透過投票來改變生活處境。底層民眾呼籲平等、公正的價值觀，開始顛覆過去的全球化秩序。

歐巴馬政府試圖透過擴大社會福利支出、推動健保改革，來改善低收入者的處境。川普的做法比歐巴馬極端得多，他一邊擴大轉移支付，一邊試圖徹底打破原有的全球化秩序。

川普在 2017 年就職時說：「長久以來華盛頓的一小群人攫取了利益果實，代價卻由人民承受。華盛頓欣欣向榮，人民卻沒享受到財富。政客們塞滿了腰包，工作機會卻越來越少，無數工廠關門。建制派保護的是他們自己，而不是我們國家的公民。」但是，川普打破的這個秩序，不僅僅是美國的秩序，更是全球化的秩序。

疫情加速了這一秩序的崩潰，加劇了美中關係的對立。

去全球化背後的實質是舊秩序的崩塌。

03　破壞者與重構者：全球化治理與既得勢力之矛盾

川普到底是全球秩序的破壞者，還是重建者？

這是一個需要去除意識形態認真思考的問題。

川普上臺 3 年多，在全球退出國際組織、挑起爭端，讓世界貿易組織仲裁機構停擺，切斷世界衛生組織的資助，徹底打破舊秩序。

舊秩序的既得利益者,如建制派、銀行家、菁英階層及國際政客,對川普恨之入骨;舊秩序的受挫者,又渴望他能夠帶來改變。

2008年後,全球化大震盪,川普加速了舊秩序的崩塌,動搖了國際經貿關係這一穩定因素。

疫情之下,各國正在臨時建構本土供應鏈,美日政府試圖趁機吸引製造業回國。

許多人擔心,經濟全球化的穩定力量正在削弱,日漸萎縮的貿易規模及惡化的經貿關係正在一步步逼近兩國硬脫鉤的臨界點。

1909年,歐洲有一本暢銷書《巨大幻覺》(The Great Illusion)說:「歐洲國家的經濟相互依存,彼此之間發生戰爭是無用的,因此也不可能發生戰爭。」

5年後,歐洲爆發了第一次世界大戰。

後來,《世界是平的》(The World Is Flat)作者湯瑪斯・佛里曼(Thomas L. Friedman)說:「在全球化時代,任何兩個擁有麥當勞的國家都不可能彼此開戰。」

過去40多年,美中經貿迅速發展,美國是中國第一大貿易國,中國是美國重要的貿易國和投資國,兩國經濟總量之和占全球的40%。

很多人由此判斷,美中兩國不可能硬脫鉤。不過,兩國龐大的貿易規模掩蓋了兩國經貿關係的脆弱性。

過去40多年,中國以貿易全球化為主,金融全球化與要素全球化落後。美中關係主要是淺層次的貿易關係,兩國要素流動程度很低,金融、科技、制度及高級商務等深層的合作相對較少。

換言之,美中經貿關係僅僅是淺層的貿易,中國很少他國不可替代

的商品及技術貿易。

如果美國政府真提供「搬家費」，這些工廠會撤離嗎？

未來，美中兩國經貿關係到底怎麼走，取決於兩組矛盾：

中國：舊秩序與改革開放之矛盾

經濟學告訴我們，人是在邊際上做選擇的。當前，美中關係不會因為某一個人、某一件事突然脫鉤，但是每一件事都在增加邊際成本及邊際收益。當邊際成本等於邊際收益時，關係進入臨界點。

假如美國政府真會出「搬家費」，這相當於增加了美國營企業業回遷的邊際收益，加大了回遷的籌碼。反過來，中國政府該拿出怎樣的籌碼，增加美國營企業業留在中國的邊際收益呢？

美國：舊秩序與底層勢力之矛盾

川普可以確定為舊秩序的破壞者，但是不是新秩序的建立者？

打破舊秩序容易，建立新秩序困難。

新秩序是一個怎樣的秩序？

就經貿秩序而言，川普試圖聯合北美、歐洲及日本建立「三零」貿易區。如果「三零」貿易秩序建立，這將是對過去失衡的全球化秩序的顛覆。

新秩序能否建立，取決於新舊秩序的力量對抗。目前，舊秩序中存在較強的兩股力量：

一是世界貿易組織。

世界貿易組織是建立和維護過去的全球化秩序的經貿機構，如果「三零」秩序建立，意味著世貿組織被拋棄。中國如果沒能加入「三零」秩序，意味著將面臨「二次入世」。

當然，歐美日也是兩條腿走路，建構「三零」貿易區的同時，也在推動世貿組織的改革。歐美日三方對 WTO 的改革已經達成了基本共識。

具體怎麼改？

就在美中簽署第一階段經貿協定的同時，美國、歐盟和日本向世貿組織提交了一份改革方案，即《補貼和反補貼措施協定》。

這個方案針對的是世貿組織的反補貼改革，對國家補貼行為做了嚴格的限制。比如說補貼透明化，禁止對他國產生負面效應的補貼，對國有企業的補貼做了更加嚴格的限制，還包括遏制強制技術轉讓，等等。

2020 年 2 月 10 日，美國貿易代表辦公室宣布取消包括中國在內的 25 個經濟體的 WTO 開發中國家優惠待遇。這可能是美國重塑全球貿易規則的代表性事件。

若歐美日選擇在世界貿易組織的框架內，透過改革規則來修正現有經貿秩序，那麼世界貿易組織的地位依然還在，中國的壓力相對小一些。

不管是「三零」規則，還是世貿組織的改革，全球化經貿秩序的重構或改革，已是大勢所趨。

二是民主黨候選人拜登。

2020 年 11 月美國總統大選，決定全球經貿秩序的走向。

目前，拜登的執政中斷了「三零」貿易秩序的建立。拜登的選擇是在世界貿易組織框架內適當改革，並捍衛舊秩序的既得利益。

對於歐美日來說，實現「零關稅、零補貼、零障礙」並不算太難。「三零」規則有助於緩解全球化經濟失衡，縮小美國的貿易逆差，加快要素自由流通，降低全球化交易費用。

若中國沒能加入這一體系,或面臨「二次入世」風險。美中之間不大可能硬脫鉤,但會「軟脫鉤」。中國與歐美日依然有經貿往來,但不在一個體系內(如「入世」之前),或形成「中國＋東南亞及新興國家(橋梁)＋歐美日體系」的世界經貿格局。

不過,「三零」秩序只是經貿秩序,還需改革國際貨幣體系。如果國際貨幣體系不改革,「特里芬困境」依然存在,舊秩序的根本問題無法根除,美國的資產泡沫及債務問題依然突出。

而貨幣體系才是舊秩序問題的根源所在。川普的執政政策建立在財政貨幣化融資基礎上,川普既沒有動力,也沒有權力去改變這一體系。反過來,川普大幅度擴張財政,滿足對選民承諾,只會加重債務危機。

舊秩序正在崩塌,新秩序的建立任重道遠。

季辛格在疫情期間發文:「我們生活在一個新時代。各國領導人面臨的歷史性挑戰是,在應對危機的同時建設未來。失敗可能會引火上身。」

參考文獻

[1] 季辛格。世界秩序［M］。胡利平，譯。北京：中信出版社，2015。

[2] 斯拉法。用商品生產商品［M］。巫寶三，譯。北京：商務印書館，1997。

大家治學：走近經濟學家的世界

　　治學,「博學之,審問之,慎思之,明辨之,篤行之」。

　　觀大家治學,如晨鐘暮鼓、拂塵之音,往往雄渾悠遠、激盪人心。

　　而相對其他學科的學者,經濟學家們往往更有趣、入世。他們關注一塊麵包、一棵橘子樹的價格變動,也痴迷於絲絲入扣、一絲不苟的邏輯推演。

　　走近經濟學家,觸碰樂觀、理性的人生之光。

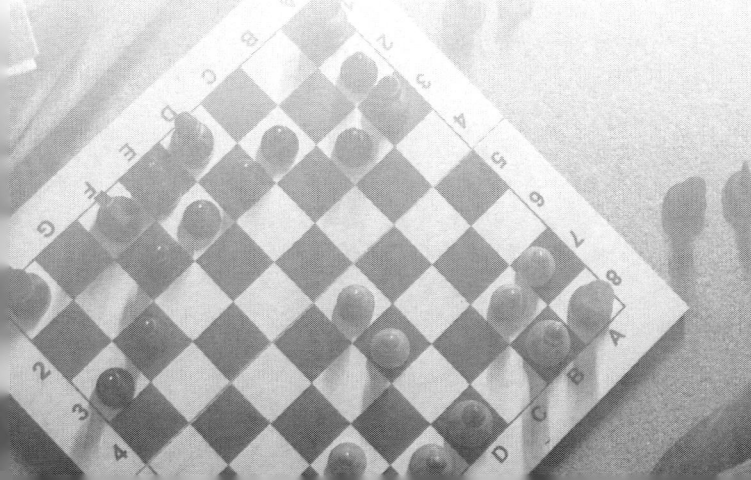

大衛‧李嘉圖與他的比較優勢理論

大衛‧李嘉圖是第一位政治經濟學的集大成者。

亞當斯密終其一生，留下了鉅著《國富論》，開啟了現代經濟學。李嘉圖是亞當斯密學說的最佳闡釋者。他用演繹的方式，更清晰和完整地闡釋了政治經濟學的框架和內在邏輯。

李嘉圖的《政治經濟學和稅收原理》(On the Principles of Political Economy and Taxation)一書，在亞當斯密的基礎上提出了比較優勢理論。這一理論，至今仍是國際自由貿易的理論基石。而後，諸多學者對這一理論進行研究，衍生出更多結論，都可讓我們對當今複雜的全球化有更深刻、清晰的理解。

01　李嘉圖其人

西元 1772 年，大衛‧李嘉圖出生在英國。父親是一位股票經紀人，14 歲的李嘉圖便隨父從事證券交易。受父親薰陶，李嘉圖自小有商業天賦，25 歲時就已經在股票市場上賺到了 200 萬英鎊。年紀輕輕就實現了財務自由，李嘉圖將大量的精力投入了學術。

西元 1799 年，李嘉圖偶然閱讀了亞當斯密的《國富論》，被書中的經濟學理論深深吸引，他很快就轉向政治經濟學的研究。這個時候，亞當斯密已經去世 9 年了。

雖然李嘉圖之前沒有受過專業學術訓練，也不擅長寫文章，這為他帶來一些困難，但幸運的是，他遇到了一位非常優秀的朋友，那就是詹姆斯‧穆勒 (James Mill)。

詹姆斯·穆勒是另一位古典主義經濟學的集大成者，史都華·穆勒（Stuart Mill）的父親。老穆勒出身比較卑微，到了 40 歲才有機會研究政治經濟學。不過，他是一個嚴謹嚴厲的學者，還同時在《愛丁堡評論》（*Edinburgh Review*）擔任主編。

早期，李嘉圖從詹姆斯·穆勒身上學到了大量的經濟學理論。老穆勒發現李嘉圖很有天分，對亞當斯密學說的理解非常精準，而且口才極佳，擅長演繹。於是，他反覆鼓勵、督促李嘉圖把自己的觀點寫下來。李嘉圖寫作才華有限，一開始寫得很艱難。李嘉圖在 27 歲時研究經濟學，等到 37 歲才發表了第一篇經濟學論文。

不過，在之後的 14 年間，在老穆勒的幫助下，李嘉圖寫出了大量的著作、文章、筆記、書信，發表了不少演講。西元 1817 年，李嘉圖發表了《政治經濟學和稅收原理》一書。這本書奠定了他作為古典主義大師的歷史地位。此書發表 6 年後，李嘉圖因感染耳疾而意外去世，年僅 51 歲。

老穆勒一生都極其推崇和擁護李嘉圖學說。李嘉圖去世後，老穆勒也一直為他的理論辯護。老穆勒還嚴格要求自己的兒子小穆勒鑽研李嘉圖學說，他的兒子沒有辜負他的期望，最終成為古典主義最後一位集大成者。

在短暫的學術生涯中，李嘉圖涉獵範圍很廣，亞當斯密論述過的，他都涉及了。李嘉圖是亞當斯密思想最有力的傳播者和闡釋者。與亞當斯密的經驗主義不同，李嘉圖的演繹方法論讓政治經濟學的邏輯更加嚴密和可靠。

02　比較優勢之說

在李嘉圖的學說中，比較優勢理論十分著名。直到現在，該理論仍被作為解釋國際自由貿易的重要依據。

這一理論的誕生，有一些現實背景。當時，受戰爭影響，英國大量的穀物進口暫停，多數依賴國內供給；由於供應不足，穀物價格上漲。到西元1814年戰爭結束後，穀物進口量加大，價格開始下跌，地主對此感到不滿。他們提出，應該對穀物實施強制性的進口關稅。西元1815年，英國就推行了這項法案，即《穀物法》。

該法案規定，在英國糧價每夸脫低於80先令時，絕對禁止糧食進口。只有在達到或超過這一價格的情況下，才允許從國外自由輸入糧食。

李嘉圖則反對《穀物法》，支持自由貿易政策。李嘉圖不僅商業天賦非常敏銳，而且善於觀察和演繹，他將對經濟問題的剖析提升到了抽象化的層面。為了充分解釋闡述自己的觀點，他深入研究後提出了比較優勢理論。

亞當斯密認為，一國生產什麼，另一國生產什麼，是由各自的絕對優勢決定的。但是，李嘉圖不這麼認為。他提出了一個問題：如果一個國家對另外一個國家各方面都存在絕對優勢，那麼這兩個國家就不發生貿易了嗎？

李嘉圖觀察的結果是，這兩個國家還是會發生貿易。如何發生呢？

與亞當斯密一樣，他也是從勞動分工出發進行分析的。李嘉圖假定：製造1單位的布，英國需要50個工作天，葡萄牙需要25個工作天；生產1單位的酒，英國需要200個工作天，葡萄牙只需要25個工作天。

可以看出，葡萄牙生產酒、布所需的成本都比英國絕對低，即都處於絕對優勢。不過，葡萄牙在酒的生產中比在布的生產中的優勢差更大，其產酒成本相對低，處於比較優勢，布的製造成本相對高，處於比較劣勢；而英國布的製造成本相對低，處於比較優勢。

在這種情況下，英國放棄生產處於比較劣勢的酒，專門生產處於比較優勢的布。兩國這樣的產業分工，使它們合起來不僅可以生產出更多的酒和布，英國還可以用布換到較多的酒，而葡萄牙用酒可以換到更多的布。兩國同時獲得國際分工與國際交換的好處。這就是李嘉圖的比較優勢理論，他在《政治經濟學和稅收原理》中提出了這個理論。

這個理論可以用一句話來概括，那就是「兩利相權取其重，兩弊相權取其輕」。李嘉圖說：「在一個具有充分商業自由的體制下，每個國家都把它的資本和勞動放在對自己最有利的用途上。」李嘉圖的意思是，只要國家不干涉，生產要素資源可以得到最充分有效的利用，各國之間發展自由貿易，對各自國家都有好處。李嘉圖將亞當斯密的勞動分工理論擴大到國際分工之中，從而發展了亞當斯密的絕對優勢理論。可以看出，李嘉圖是一個自由貿易學者，他支持國際貿易，反對貿易保護主義。換言之，李嘉圖的比較優勢理論是反對《穀物法》的重要理論武器。

李嘉圖不僅是一個理論派的學者，也是他那個時代的社會活動家。

他短暫擔任過議員，希望透過自己的影響力，反對政府干預，反對《穀物法》，發展自由貿易。李嘉圖認為，英國不僅要從外國進口糧食，而且要大量進口，因為英國在紡織品生產上所占的優勢比在糧食生產上優勢還大。故英國應專門發展紡織品生產，以其出口換取糧食，取得比較利益，提升商品生產數量。

《穀物法》推行後，英國的糧食漲價，工人的生活成本增加，聯合起

來向雇主要求提升薪資。於是，反對《穀物法》的力量開始增加，最終形成一股龐大的政治同盟。經過幾十年的鬥爭，在西元 1846 年，這項法律最終被廢除。《穀物法》的廢除，以及後來《航海條例》的徹底廢除，屬於重要的歷史事件。它意味著英國正式進入全球自由貿易時代。

03　全球化之誤

今天，我們依然使用李嘉圖的比較優勢理論來解釋全球化自由貿易的合理性。然而，在現實情況中，許多人對李嘉圖的理論有所誤解。

李嘉圖比較優勢理論存在嚴格的前提假設。他提出了九個假設，其中有幾條很重要：國家之間存在某種特徵差異；各國的比較利益靜態不變，不存在規模經濟；生產要素在一國國內可以自由流通，在兩國間不能流通；不存在技術進步、資本累積和經濟發展。

可以看出，李嘉圖的假設已經明確了這個理論是在靜態分析前提下。後來的國際貿易理論，基本上是在李嘉圖的九個假設條件的基礎上發展起來的。

經常有人說，赫克歇爾-奧林模型顛覆了李嘉圖的比較優勢理論。其實，這樣的說法並不準確，經濟學和物理學類似，很多理論的發展並不是顛覆了前面的理論，而是在改變前面理論前提假設條件的基礎上發展出來的。

這說明兩點：一是前面的理論在其假設條件下依然是正確的；二是新的理論在新的假設條件下是正確的。

比較優勢理論也是如此。後來國際貿易理論的發展，主要是在兩個方面的假設前提下的突破：一是國家之間的差異是怎麼來的，是天然稟賦差異，還是規模經濟，抑或是技術進步；二是國家之間的生產要素自

由流通會怎樣。

關於第一個假設前提：

1933年，瑞典經濟學家奧林（Bertil Ohlin）在赫克歇爾（Eli Heckscher）的理論的基礎上提出了資源稟賦理論。他們認為，國家間資源稟賦的相對差異以及生產各種商品時利用這些資源的強度差異決定了各國的比較優勢。比如，過去中國的勞動力豐富，資本更願意集中在製造廉價商品上，比較優勢是出口廉價商品；中東國家的石油豐富，資本更願意集中在石油產業上，比較優勢是出口石油。

不過，資源稟賦不能解釋很多現象。比如說，日本是一個資源稟賦比較貧乏的國家，但是它成為一個先進國家。相反，還有一種現象叫「資源詛咒」——一些資源豐富的國家，它們的資源稟賦沒有發展成為比較優勢。

後來，經濟學家赫爾普曼（Elhanan Helpman）和克魯曼（Paul Krugman）使用規模經濟來分析比較優勢。這兩位經濟學家的分析框架包含兩部分的內容：一個是亞當斯密-楊格理論的分析，即「一個國家的國內市場大，有助於促進產業分工和經濟規模，這種國家容易建立比較優勢」；另一個是從技術專業化的角度，建立內部規模的遞增效應。

具備突破性的是，赫爾普曼和克魯曼這兩位經濟學家已經探索到了技術的層面。在此之前，赫克歇爾和奧林提出的資源稟賦，更多是從外生優勢，即先天優勢的角度來考慮。但是，赫爾普曼和克魯曼已經探討到了內生優勢，而且還是一種動態的分析。

也有經濟學家從專業化和分工的角度探索了內生性比較優勢：交易費用越低和分工越精細，專業化程度越高，比較優勢越明顯。這其實就是技術內生性優勢的另外一種表述。

再看第二個假設條件的改變：

赫克歇爾和奧林的偉大之處在於他們發現了在要素自由流通的情況下，資源稟賦的天然優勢會逐漸消失，要素之間的價格差異會逐步縮小，也就是要素價格趨於均等化。

要素價格均等化包括兩條路徑：一條是直接路徑，也就是生產要素的國際流通；另一條是間接的，也就是商品的國際流通。後來，薩繆森透過實證來解釋這個理論，這就是要素價格均等化理論。這也是一種動態的分析。

要素價格均等化的過程其實很容易理解。比如，澳洲的鐵礦石豐富、價格低，這會吸引大量的全球買家，鐵礦石價格也會提升，與其他地方的鐵礦石價格趨於均等化。又如，中國的勞動力很豐富、價格低廉，這會吸引大量的資金到中國投資工廠，勞動力需求增加、供給不足，勞動力價格也會上升，與其他地方的價格趨於均等化。雖然澳洲和中國的天然稟賦優勢還在，但不可否認的是國際貿易加劇了要素價格均等化。

回溯這一理論的發展脈絡，其實，國際貿易理論的發展是在李嘉圖比較優勢理論的假設條件上作文章的。

除去李嘉圖提出的假設條件，我們會發現一個非常清晰的現象：在一個開放經濟體中，在一個生產要素自由流通的國際市場中，各國資源稟賦的天然優勢會逐步消失，價格會趨於均等化，各國的比較優勢會逐步喪失；同時，各國也在建立新比較優勢，而新的比較優勢來源只有一個，那就是技術創新。

雖然在全世界，各國的天然資源稟賦優勢依然存在，但是生產要素全球化流通越自由，交易成本越低，資源天然稟賦優勢越弱，價格越趨

於均等化。技術創新正在不斷地挑戰資源稟賦的優勢。

中東的石油豐富，資源稟賦優勢明顯，價格也便宜。但是，頁岩氣技術的進步削弱了中東的資源稟賦優勢。不可否認，中東石油的開採成本依然遠低於頁岩氣的開採成本，但是頁岩氣為中東石油設定了一個價格上限，抑制了石油價格瘋狂上漲。

這個理論的消極應用在於，一些國家意識到開放經濟、國際貿易會削弱自己的資源稟賦，為了守住自己資源稟賦優勢，它們不願意全方位開放經濟，對國際貿易設定各種門檻，給資源稟賦流通設定各種限制。這是一種典型的貿易保護主義。

貿易保護主義帶來了非常糟糕的結果。雖然商品的全球化流通也促進了生產要素價格均等化，但是如果對要素的全球化流通，尤其是勞動力、資金和技術的全球化流通設定重重障礙，將會大大提升交易成本，扭曲貿易平衡，導致資源的錯誤配置和低效率以及貧富懸殊和貿易爭端。這種貿易保護主義試圖死死守住生產要素的天然稟賦，阻礙了技術創新。而技術創新，在全球化時代，是真正的比較優勢，是對全人類都有利的比較優勢。只有從這個角度理解比較優勢，才能深刻地理解開放經濟體的重要性。

最後，我們需要警惕任何以大義之名行貿易保護主義的行為。在一個開放經濟體中，比較優勢要消除國家觀念、上帝視角。

全球化是個人的全球化。比較優勢是個體的優勢，是個體持續創新的能力。

參考文獻

[1] 大衛・李嘉圖。政治經濟學和稅收原理［M］。郭大力、王亞南，譯。北京：北京聯合出版公司，2013。

新視野：未來技術與經濟新格局

　　技術革新世界。
　　新概念、新趨勢充滿了人們對技術突破停滯的渴望，然而，卻也讓人迷失其中，真假混淆。
　　或許，從人類經濟行為的角度窺探創新之路，更加清晰。

◆ 新視野：未來技術與經濟新格局

元宇宙，新賽道

新冠肺炎疫情以來，網路界在資本市場上沉寂一段時間後，2021 年下半年終於成功地製造了一個投資概念：元宇宙（Metaverse）。

受各國隔離政策的限制，人們線上社交、商務與娛樂的需求增加，對虛擬實境的互交性、真實性提出了更高的要求。於是，元宇宙順勢而為，橫空出世。

元宇宙的概念誕生於 1992 年的科幻小說《雪崩》（*Snow Crash*），這個小說描述了一個平行於現實世界的虛擬世界。如今，元宇宙還沒有一個相對準確的概念，筆者的理解是，元宇宙是指「在虛擬世界裡可拓展的空間」，包括對虛擬實境、擴增實境、區塊鏈、雲端運算、數位孿生、數位貨幣、人工智慧、大數據等技術及概念的整合。

如此，這個模糊的概念在資本市場上擁有了更大的發揮空間。目前，元宇宙的主要盈利模式是投資股票，以及賣課程、開演講、辦論壇。

不過，對於新事物、新概念、新技術，「短期不高估，長期不低估」是一個相對務實的態度。而分析其背後的一般性邏輯是關鍵。

本部分從經濟學的角度探索元宇宙背後的經濟邏輯。

01 元宇宙，它們在做什麼

我們先看，擁抱元宇宙的這些企業，它們做了什麼。

Roblox 被稱為「元宇宙第一股」。這是一個成立於 2008 年的遊戲公司，如今是全球最大的線上遊戲創作平臺。2021 年 3 月，這家公司獲

得 5.2 億美元融資，上市首日市值就突破 400 億美元，比一年前成長了 10 倍。

Roblox 是第一個將「元宇宙」寫進公開說明書的公司，它的上市在資本市場上掀起了元宇宙旋風。Roblox 的 CEO 大衛‧巴祖斯基 (David Baszucki) 提出元宇宙的 8 個元素：身分、朋友、沉浸感、低延遲、多元化、隨時隨地、經濟系統和文明。但是，我們主要看它們在做什麼。

Roblox 提供了一個多人線上創作遊戲的平臺，上面的開發者超過 500 萬人，每月活躍玩家超過 1 億人。使用者在上面可以建立遊戲，也可以玩遊戲。Roblox 還釋出了兩種虛擬貨幣：Robux 和 Tix。使用者可以透過建立遊戲和儲值獲得 Robux，但需要扣除部分稅金。Tix 透過每日登入獲得，可將 Tix 轉為 Robux，目前 Tix 已被移除。在這個平臺上，Robux 作為一種可以正常交易的虛擬貨幣。

Roblox 這個平臺，很容易讓人聯想到區塊鏈的公鏈，尤其是以太坊。以太坊是一個開源的公共區塊鏈平臺，使用者可以在上面建立合約，也就是程式；同時，使用「Ether」這種加密貨幣來交易。與區塊鏈公鏈不同的是，Roblox 和元宇宙提供了更加視覺化的、更加自由的、應用更加廣闊的虛擬場景。

其實，早在 2003 年，林登實驗室推出的遊戲「第二人生」(Second Life) 就已經有了元宇宙的雛形。在遊戲裡，使用者有自己的虛擬身分，還能建立組織和商品，同時使用一種叫「林登」的貨幣 (Linden Dollar) 進行各種交易。2006 年，林登幣可以與美元互換，使用者規模迅速增加，平臺開始過度發行林登幣。最終，林登幣引發了劇烈通膨摧毀了「第二人生」的虛擬世界。

「第二人生」的應用場景更加真實與自由，而 Roblox 在虛擬貨幣和可

◆ 新視野：未來技術與經濟新格局

開發的應用場景方面提供了更好的解決方案。

我們再看輝達。2021 年 8 月，輝達對外稱，它們在 4 月舉辦的 GPU 技術大會上看到的是假黃仁勳。透過影片我們看到，發表會現場是老黃的廚房，老黃穿著代表性的皮衣在介紹輝達的新產品首款伺服器（CPU）──Grace。同時，老黃用了 14 秒時間宣傳他的元宇宙虛擬實境世界。但是，誰也沒想到，我們看到的這一切是假的。

輝達披露，從黃仁勳到廚房的各個細節，都是渲染出來的。當然，黃仁勳也有真人出鏡，並不完全是假的。但是，這種騙過了所有人的影片足以讓外界感到吃驚，輝達也做了一次超級行銷。輝達乘機搭上元宇宙的班車，老黃說：「我們正處在元宇宙的風口浪尖。」

輝達是全球最大的顯示卡製造商，它在元宇宙中的定位是提供基礎技術，透過顯示卡、晶片、作業系統、虛擬實境、人工智慧等軟硬體技術，實現元宇宙的工業級應用場景。比如，它們研發了一款產品叫 Omniverse，這是一款端到端的 3D 模擬生產及合作的平臺，被認為是元宇宙工業場景的初級平臺。目前已經開始運用到 BMW 集團的全球工廠中，BMW 集團可以透過 Omniverse 更加真實地模擬生產生產線以及整個工廠的營運，同時可以改善其生產程序，預計可以幫助 BMW 把生產效率提升 30%。

輝達實際上是將自己的技術與新開發的產品，用「元宇宙」這個概念呈現出來。當然，輝達提供了基礎技術支援，拓展了元宇宙在工業應用場景的想像空間。

再來看馬克‧祖克柏（Mark Zuckerberg）。這是網路界最積極擁抱元宇宙的大佬，他相信，元宇宙將成為行動網路的接班人。2021 年 10 月，Facebook 官宣正式更名為「Meta」。準確的理解是，成立了一個叫

「Meta」的母公司控股 Facebook。祖克柏宣稱，5 年後，Facebook 會成為一家元宇宙公司。

祖克柏押注元宇宙的熱情讓外界感到有些意外，他到底看到了什麼？祖克柏一直對虛擬實境技術抱有很大的熱情，早在 2016 年，Facebook 就以 20 億美元買下 Oculus，他們在 VR 業務上的研發投入從每年 59 億美元加碼到現在近 185 億美元。

Facebook 雖然還沒有做出可以觸摸到的元宇宙產品或應用場景，但是，它們在元宇宙消費級應用場景的想像空間，遠遠超越了 Roblox。Facebook 是全球最大的社群平臺，月活躍使用者達到 29 億。Facebook 可以提供一個全方位的元宇宙消費體驗場景，而不僅僅是遊戲和社交。正如祖克柏在〈創始人信〉（The Founder's Letter）中所宣傳的那樣：在元宇宙，你幾乎可以做任何你能想到的事情──與朋友和家人聚在一起、工作、學習、玩耍、購物、創作──以及完全不符合我們如今對電腦或手機的看法的全新體驗。

除了輝達、Facebook，還有一些企業也宣稱加入元宇宙。微軟宣布在它們的會議和視訊通話軟體中加入虛擬實境技術，提升企業視訊會議的沉浸感，打造「企業版元宇宙」。據說，蘋果正在推出 VR 設備新品。

從「第二人生」、Robux 到輝達、Facebook，元宇宙試圖利用一切可能的技術打造一個還原現實世界、打通現實世界，但又不受現實規則束縛的自由的虛擬世界──最終建立屬於元宇宙的生態規則。

為了還原現實，元宇宙打造沉浸式的體驗空間，試圖在虛擬世界裡複製一個平行世界；為了打通現實，元宇宙試圖將身分、社交、購物、娛樂、貨幣以及資產投資與現實世界搭配、掛鉤與捆綁。

當然，目前與元宇宙最適合的應用場景是遊戲和娛樂。比如，遊戲

平臺「堡壘之夜」與美國饒舌歌手崔維斯・史考特（Travis Scott）在遊戲中舉辦虛擬演唱會，玩家可以跟隨歌曲變換場地，炫酷的沉浸式體驗吸引了 1,200 萬名玩家參與。

未來，元宇宙有多大的可能性？

02　元宇宙，它們想做什麼

如果將 Roblox 與以太坊連結在一起，如果將 Meta 與虛擬貨幣 Libra 連結在一起，如果將 Omniverse 與大數據、人工智慧連結在一起，你大致可以觀察到元宇宙者們到底想做什麼。

元宇宙其實是利用網路界過去多年所累積的技術，包括虛擬實境、區塊鏈、數位貨幣、加密技術、大數據、雲端運算、人工智能等，形成一種視覺化、沉浸式的應用場景。可以簡單地理解為，人工智慧是生產力，大數據是生產資料，區塊鏈是生產關係，元宇宙是應用場景。

它們是不是在玩舊把戲？其實不是，元宇宙這樣一種集合概念的推出，其實在表達某種訴求。

這種訴求，如果用一個詞來概括，那就是自由。

元宇宙給這種自由的訴求──分散式的網路，去中心化的組織，自治的社區，加密的銀行網路，可信任的人工智慧，沉浸式的感受，不受限制的交流、流動與幻想──提供了可以想像的空間與實現的場景：你看，世界本來應該是這樣的。反過來說，元宇宙試圖以虛擬實境的方式挑戰現實世界的中心化網路以及中心化人類權力結構。

對網路的中心化控制，這個世界早已發出了反抗的聲音。大數據殺熟、演算法陷阱、資訊繭房、濫用使用者資料、盜錄和監視使用者行為，曾經的「屠龍少年」如今變成了那條人人喊打的「惡龍」。近幾年，

這些「惡龍」有被圍毆的趨勢，典型的案例就是 Facebook。

Facebook 創始人祖克柏因使用者資訊洩漏事件，被 44 名國會議員圍攻 5 小時。議員質問祖克柏：「我是不是要給你錢，你才能不洩漏我的個人資訊？」「Facebook 是不是獨裁公司？」更嚴重的還有：「從 2006 年你就到國會道歉，為什麼你今天還在道歉？」面對 Facebook 這樣中心化的平臺，議員們顯然不甚了解更不理解，祖克柏難以自圓其說，不得不從 2006 年開始至今一直要去國會道歉。

特斯拉以及智慧駕駛汽車也面臨類似的困境。智慧系統的基礎是大數據分析，掌握使用者各項資料，對使用者駕駛行為實施監測是智慧駕駛技術提升的關鍵。但是，智慧系統一旦介入駕駛，交通事故的責任認定就不得不依賴資料分析。如今，汽車廠商的中心化系統控制了資料，這為責任的認定帶來了困難，使用者對這種中心化的權力結構表達了不信任。

2008 年，「中本聰」釋出比特幣白皮書，建立了第一個分散式網路。它找到了中心化網路的解決方案，那就是區塊鏈分散式網路。在比特幣網路中，透過區塊鏈的生成可以實現分散式結算、驗證以及記帳。

銀行系統是區塊鏈分散式網路最成熟的應用，這是比特幣網路的貢獻。但是，後來的以太坊認為，人類的行為極其複雜，不能完全按照交易和記帳的方式處理，而應採用協議來完成，在區塊鏈上透過程式碼來執行協議，智慧合約由此誕生。以太坊網路的思維是人類所有行為，即合約，合約透過程式碼來實現。換言之，程式碼即法律，透過程式碼來約束協議執行，從而實現去中心化。

以太坊大大拓展了區塊鏈的應用場景，但是也出現了一個問題，那就是程式碼化的趨勢。換言之，分散式網路沒有呈現視覺化的虛擬實境

的應用場景,這制約了它的發展。Roblox 為什麼令人興奮?以太坊也可以透過建立智慧合約來釋出遊戲,但是,Roblox 展現了更加真實的應用場景。

祖克柏對區塊鏈也非常感興趣,2019 年,他宣布建立一個跨國界的分散式的銀行網路,並且推出加密貨幣 Libra。但是,Facebook 的應用場景是豐富而真實的,如何展現是一個難題。如今,元宇宙概念,尤其是虛擬實境技術,給分散式網路提供了視覺化的應用場景。當 Libra 分散式網路及加密貨幣與元宇宙的應用場景相結合,Facebook 有機會塑造一個完全不同的「平行宇宙」。比如,Libra 幣擁有豐富的應用場景,可以在視覺化的空間裡購買商品、遊戲服務甚至是有形資產。而且,使用者的社交與交易網路是分散式的、端對端加密的。

如此,Facebook 可以擺脫「獨裁公司」的罵名,以及歐盟無休止的反壟斷調查。同時,還能提供 29 億使用者一個超越中心化網路的平臺。這是祖克柏押注元宇宙的主要原因。

分散式網路最大的影響或許是催生了數位資產私有化的觀念。人類為資產私有化已奮鬥了幾百年。從全世界來看,多數實體資產已經實現了私有化。而數位資產,包括資料、虛擬資產,都沒有實現真正的私有化。分散式資料儲存將從技術層面實現數位資產私有化,元宇宙將以視覺化的方式打通虛擬與現實的資產連結,進一步強化平行宇宙與現實世界的個人產權連結。隨著越來越多實體資產平行投射到分散式網路上,越來越多資產在線上完成私有化所有權確認,元宇宙將提供模擬真實場景的授權、交易與結算。

按照洛克(John Locke)的理論,財產私有化是個人自由拓展的基礎。元宇宙對虛擬與實體產權的保護可以大大增進個體的自由 —— 這就

是元宇宙者的訴求。

我們再從元宇宙的概念去理解人工智慧。大多數人都歡迎人工智慧，但是都拒絕泰德・卡辛斯基（Theodore Kaczynski）的預言，即被技術菁英以人工智慧之名控制。在分散式網路中，個人資料同樣可以用於人工智慧，而且這是一個更加良性的公平的規則。智慧駕駛汽車廠商、生技製藥企業、金融機構等，可以在分散式網路中以授權、交易的方式獲得使用者資料。元宇宙為分散式網路與人工智慧提供了更加安全、沉浸式體驗場景。比如，分散式的智慧駕駛系統可以展現車主的疲勞駕駛狀態，同時發出提醒和輔助介入，而這個過程是加密且安全的。當發生交通事故時，元宇宙可以還原事故場景，使用者和執法人員都可以調取資料以判斷事故責任。

這就是分散式網路、人工智慧在元宇宙的空間中為人類帶來的自由。

03 元宇宙，它們能做什麼

當然，元宇宙挑戰的不僅是中心化的網路，還是中心化網路背後更為艱深的社會規則。

比特幣、區塊鏈及數位貨幣毫無保留地表現出對現實世界規則的不滿，並試圖發起唐吉訶德式的挑戰，也因此遭遇世界權力組織的限制。

元宇宙的策略更低調、更富智慧，它表現出「娛樂至死」的麻痺感。它更加強調虛擬實境所呈現的另一個世界，應用場景更加娛樂化、社交化和消費化。但是，元宇宙集合所有技術力量以一個平行宇宙的方式，潛移默化地改變著人類現行的權力規則。在元宇宙中，分散式網路、加密貨幣、可信任的人工智慧、自治社群將重塑人與人之間的信任關係

以及權力分配制度，這對現實世界中的一系列制度及法律安排提出了挑戰。

實際上，元宇宙這種重塑規則的訴求，並不是憑空創造的，它發自人類最基本的需求，並在近幾年集中爆發。

在全球化時代，人類的自由與限制性的國家制度爆發了嚴重的衝突。國家制度以疆域、公民國籍為基礎，建立信用貨幣主權、稅收主權以及各種管轄權。經濟全球化，特別是近半個世紀的貿易與金融全球化，在一定程度上突破了國家制度之下的主許可權制。但是，信用貨幣制度的國家化依然與經濟全球化構成了嚴重的衝突。

這裡至少存在三個衝突：一是國家監管部門及銀行系統限制資金跨國流通；二是鑄幣權被少部分人掌握，他們透過濫發貨幣牟利，擴大了貧富差距，引發了債務危機；三是濫發貨幣強化了限制資金流通的動機，進一步削弱了經濟全球化。

2008年金融危機後，比特幣的出現是對現行的信用貨幣制度和銀行制度提出的挑戰。比特幣網路是一個跨國界的分散式的銀行系統，試圖擺脫國家金融監管的限制。同時，比特幣試圖創造一個更加公平、公開以及競爭性的私人貨幣制度。迄今為止，比特幣並不算一個成功的貨幣，但是它對人類不合理的權力組織發起了挑戰。

幾年前，區塊鏈及數位貨幣備受資本市場的關注，但是它們在現實的規則下很難找到充分的應用場景。而元宇宙為它們提供了虛擬化的場景。容易讓人誤解的是，元宇宙虛擬化的場景容易將技術應用帶偏離軌道。實際上，元宇宙的應用場景反而會改變現實世界的規則。

貨幣需要應用場景，透過大量的交易累積信用。信用貨幣透過國家法律方式強制國民使用，在稅收及公共支付中建立應用場景的基本盤。

在美國自由銀行時代，大量銀行發行了數量驚人的銀行券，這些銀行券在尋找應用場景，而當時最主流的應用場景不是商品交易，而是融資市場。近幾年，數位貨幣也是如此。除了融資之外，虛擬貨幣還需要更為廣泛的應用場景，如遊戲服務、商品交易、股票投資等。而這一切都是元宇宙能夠提供的。假如元宇宙中的應用場景足夠龐大，這種數位貨幣具有相當的信用，它很容易就能滲透到現實世界中，成為現實中流通的貨幣。大量使用者在元宇宙中對貨幣、銀行系統、虛擬資產及社區規則建立的信用，在歐美國家將透過選票的方式延伸到實體，進而改變現行的權力組織及遊戲規則。

事實上，元宇宙與現實世界之間早已被資產證券化所打通。一些數位貨幣、虛擬資產建立了資產儲備制度，數位貨幣、虛擬資產、虛擬商品對應一定比例的現實資產、商品與服務。使用者持有的虛擬貨幣可以兌換成美元、房地產抵押債券，使用者線上投資的房產通證可能對應加州某市的部分房產，使用者透過購買某種虛擬商品可以線上直接收看某位歌手的演唱會。

當然，元宇宙試圖呈現的不僅僅是虛擬貨幣的自由發行與無國界流通。元宇宙展示的所謂的平行宇宙，其實是一個資金、資訊、人員等流動性更強的自由世界，公共權力及公共資源分配更加公平的分散式世界，個人產權與利益得到充分保護的自治世界。

元宇宙是不是一個更好的世界？

它至少是一個更有效率的世界。股票就像元宇宙的一個最初的元素，是一種資產證券化，是現實世界資產的虛擬化。股票的價值體現為強大的流動性和權益配置的專業性。元宇宙中所展現的流動性及權益配置的專業性可以帶來效率。現實世界中更多虛擬化的商品、證券化的資

產,在元宇宙中快速流通與交易。而元宇宙的效率,根本上來自正當性,即更加公平的規則。

未來,元宇宙至少面臨兩個挑戰:

一是各項技術的配合。元宇宙對算力提出了極高的要求,依賴電力、顯示卡、晶片、通訊網路、人工智慧等軟硬體技術進步。有人會問:我們需要投資虛擬實境還是「星辰大海」?讓市場來決定。馬斯克投資的火箭與衛星可能是元宇宙的技術支撐。

二是更具正當性的規則。諾斯的制度變遷理論試圖解釋一系列的制度安排是如何促進生產力的。人類社會演化出宗教和國家制度安排後,不斷地強化中心化權力體系。不過,工業革命瓦解了集中化的權力體系,私有產權、委託人等制度安排成為工業社會的核心,並激勵了個人多樣性才能的創造。工業時代以來,人類制度的演變總是伴隨著激勵性、流動性和風險性。

元宇宙的規則應該是一個激勵性和流動性更強的規則,同時也是風險性更高的規則。這對制度變遷提出了新的挑戰。

元宇宙世界需要建立兩種關鍵制度:

一是個人產權制度。從一般的角度來看,個人產權制度是第一位的,也是一切有效率制度的前提。產權安排直接影響資源配置效率,一個社會的經濟績效如何,最終取決於產權安排對個人行為的激勵。在元宇宙中,數位產權的認證、保護、授權與交易對數位經濟產生了巨大的激勵性,可以更健康地促進人工智慧的進步。分散式網路、加密技術與數位貨幣也可以更好地保護現實世界投射上網的個人資產;同時,元宇宙將提供無國界的視覺化的個人資產交易場景,促進個人資產的全球化配置。

二是公共制度。在個人產權制度基礎上討論公共制度才有意義，但是任何公共制度的建立及執行都充滿挑戰。在數位貨幣世界，數位貨幣原本想透過競爭性的方式挑戰法定貨幣壟斷，結果大量數位貨幣在通膨中和詐騙中歸零。這個市場陷入了「囚徒困境」，這是公共制度缺失所致。

元宇宙的公共組織不是國家、公司，而可能是分散式自治組織。海耶克主張用市場的規則來建立人類的組織，布坎南將公共決策的參與行為定義為市場行為。在自治組織中，每個人都是按照預期收益最大化的方式參與公共決策的。打個比方，每個人根據預期收益最大化來選擇社區和鄰居，同時參與社區的公共管理。公共制度的「搭便車」問題會降低它的效率，希望元宇宙可以降低公共組織的交易成本。

元宇宙不是將人類帶向一個脫離現實的虛擬世界；相反，它的方向與最終的目的是改變現實世界。

總之，與層出不窮的新概念一樣，元宇宙藏著資本市場的鐮刀，也藏著理想主義的鐮刀。

◆ 新視野：未來技術與經濟新格局

思想市場：
資訊似圍牆，該堵還是該疏？

　　思潮絡繹不絕，觀點川流不息。在以思想為商品的無形「市集」中，消費更便捷，也更複雜。那些似是而非的真理，演算法助長的資訊繭房，似野草般瘋長。

　　資訊似圍牆，該堵還是該疏？

　　我們要思考：思想市場交易的干預邊界在哪裡？如何確保制度有效性、監督不缺席？

　　但，思想拂塵，文明進化，本就是一個個自我與人性弱點的一場漫長競賽。

　　正如約翰‧彌爾頓（John Milton）所言：「讓她（真理）與謬誤交鋒吧，誰看見在自由而公開的交戰中，真理會敗下陣來？」

◆ 思想市場：資訊似圍牆，該堵還是該疏？

群眾狂歡與世界真相

群眾，是一股隨波的世界洪流。

他們跟風、盲從、焦慮、易怒、狂熱、縱慾，拒絕思考及放縱暴力，缺乏獨立意識與思辨能力，在追求「集體靈魂」中迷失，在追逐公共利益中竊取私利[02]。

要命的是，「深諳其道的演說家在面對群眾的演說中常常利用這些特徵」。

他們常假「公共利益」之名，借群眾非理性之勢，行私人野心與目的之實。他們提供給群眾的思想配方往往是國家、領袖、意志、暴力和強權至上論，以及「strength through unity」（法西斯最原始的口號，力量源自團結）。

他們還假自由之名，在廣場上以極度誇張及渲染的表演方式搖旗吶喊、混淆視聽，行渾水摸魚之實。法國大革命時期，吉倫特派領袖羅蘭夫人（Madame Roland）被送上斷頭臺，在臨刑前她說出了那句震驚世人的話：「自由，天下古今幾多之罪惡，假汝之名以行。」（梁啟超譯）馬克思在《1848年至1850年的法蘭西階級鬥爭》（The Class Struggles in France, 1848–1850）中寫道：「他們既能夠做出轟轟烈烈的英雄功績和狂熱的自我犧牲，也能做出最卑鄙的強盜行徑和最齷齪的賣身勾當。」

百年之前，勒龐（Gustave Le Bon）將歐洲近代狂熱、無序、非理性的運動及群體概括為「群眾」，並感嘆：「群眾的行為更易受到骨髓的影響而非大腦的影響。」

---

[02] 古斯塔夫·勒龐《群眾心理學》[M]。陳璞君，譯。

此後，這股洪流愈演愈烈，最終醞釀了一場人類史上空前的浩劫以及瀰漫半個地球的思想瘟疫。

歷史上，廣場上人的鬱躁與廣場背後人的竊喜，折射出了人類最無知與陰暗的一面。

都說「天不生牛頓，萬古如長夜」。然而，牛頓（Isaac Newton）之後的高斯（Carl Friedrich Gauss）、愛因斯坦（Albert Einstein）、亞當斯密、洛克、海耶克、勒龐、笛卡兒（Renatus Cartesius）以及血淋淋的歷史教訓，都難以敲開群眾靈魂之門。群眾的行為與財富、學歷、知識無關，只與理性訓練、敬畏之心及教養修養有關。

如今，廣場上的人化身為網路上的「魔人」與「鄉民」，製造了自媒體時代的群眾狂歡，被用於「多數人之暴政」而不自知，扭曲了市場與人性，遮蔽了理性之光與世界真相。

本部分從思想市場、私人契約與制度經濟此經濟社會三大基石，試圖以探尋規律、剖析人性之方式根本：財富是如何創造的，經濟是如何成長的，社會是如何進步的，人類大規模合作是如何建構的，以及全球化時代人類是如何共處的。

01　思想市場：社會正循環演進之根基

西元8世紀、9世紀、10世紀，眾多虔誠的朝聖者，帶著狂喜之心，無懼路途之艱險，源源不斷地湧入聖地耶路撒冷。

西元1009年，埃及法蒂瑪王朝的哈基姆（al-Hakim）獲得了耶路撒冷的控制權，他下令摧毀了聖墓教堂內的所有基督教堂和猶太會堂，同時封堵了基督教徒朝聖的道路，向每個朝聖者收取一個金幣。大量無力支付「過路費」的朝聖者滯留在城門之外。

◆ 思想市場：資訊似圍牆，該堵還是該疏？

當時，朝聖者人數正值高峰。所有朝聖者心中有一個寄託：10世紀，《啟示錄》(Book of Revelation)中的千年走到了盡頭，世界末日將降臨，屆時耶穌會在耶路撒冷現身，審判人類。

隨著時間迫近，那些虔誠的朝聖者、盲目的或有罪之人日益焦慮、陷入恐慌，他們拋下自己的家園、親人與工作，蜂擁到聖地等待耶穌的降臨。耶路撒冷城內城外人潮湧動、水洩不通。此時的聖地執政官土耳其人大為惱火，他們肆意剝削、虐待、毆打朝聖者。

這時，一個叫彼得的政治投機分子出現了。他在義大利以極其浮誇的方式表達了朝聖者在聖地的遭遇。他的渲染、鼓譟成功激起了基督徒的憤怒與衝動。西元1095年，在皮亞琴召開的宗教會議上，彼得乘機向神職人員散布所謂的來自君士坦丁堡密使的軍事機密：土耳其人正準備征服整個歐洲。

接著，教宗烏爾班二世(Pope Urban II)發表了聖戰宣言：「願為我犧牲生命的，定得到生命。」信徒們群情激昂、摩拳擦掌，齊聲高喊：「神之旨意！神之旨意！」

在之後的將近200年間，胸前和臂上都佩戴「十」字標記的「耶穌基督的軍隊」，號稱「十字軍」瘋狂發起東征。這場曠日持久的聖戰，從最初的「解放聖地」演化成為一場被政治、利益及宗教包裹著的大掠奪。「十字軍遠征聚合了當時的三大時代熱潮：宗教、戰爭和貪慾。」

當時，社會從上到下都樂於加入或煽動這場戰爭：國王與教會透過政策，貴族憑藉其內心的不安與征服的樂趣，平民依靠宗教熱誠與兩世紀以來不斷被洗腦的虔誠。

19世紀蘇格蘭著名法學家查爾斯·麥凱(Charles Mackay)在其《異常流行幻象與群眾瘋狂》(Extraordinary Popular Delusions and the Madness of

Crowds）中指出：

「每個時代皆有其特殊的愚行，有些出於貪婪之心，或是由於追求刺激，抑或純粹是模仿的本性，深植人性並鼓舞著大眾。若不是，也總會出現政治或宗教方面的狂熱。」

「十字軍不過是一群無知且野蠻的烏合之眾，受偏執妄念的鼓舞，殺出一片布滿淚水與鮮血的悲劇。另外，浪漫的文學卻以其閃耀且熱切的語調，讚頌著十字軍的虔誠與英雄主義，歌頌他們如何為自己贏得榮耀，彰顯基督。」

倘若歐洲一直處在宗教控制的中世紀時代，定然無法萌生自由市場。十字軍東征這場漫長的浩劫，在一定程度上反噬了教會勢力。

接下來的 14 世紀，一場席捲整個歐洲的黑死病（鼠疫），以另一種極度殘暴的方式再度摧毀了歐洲。

歷史學家猜測，這次黑死病大約造成 2,400 萬人死亡，約占歐洲和西亞人口的四分之一。義大利詩人喬凡尼·薄伽丘（Giovanni Boccaccio）的故鄉佛羅倫斯是重災區，他在其著名的《十日談》（*The Decameron*）中驚呼：「天主對人類殘酷到了極點！」

這場黑死病極大地打擊了天主教勢力。很多人開始不再相信祈禱能夠治癒，不在教會醫院等死，而是尋找更為有效的辦法。

西元 1315 年左右，羅馬天主教會開始接受人體解剖作為醫學教育的一種輔助手段，並在義大利的波隆那市開展了第一例人體解剖的公開展示。人體解剖這刀下去，神學統治地位受到挑戰。

當時的解剖學家維薩留斯（Andreas Vesalius）發現男人與女人一樣，都是一側 12 根肋骨，而不是天主教所說的男人比女人少一根（亞當的肋骨）。維薩留斯在其不朽著作《人體的構造》（*De Humani Corporis Fabrica*

◆ 思想市場：資訊似圍牆，該堵還是該疏？

Libri Septem）中，準確地描述和繪製了骨骼、肌肉、血管、神經系統及身體其他器官。其中一幅經典插圖被稱為「思考的骨架」。

到了 16 世紀，解剖學成為一種公共景觀，義大利及其他國家的一些醫學院紛紛建立起了解剖學「展示廳」。公開解剖類似於今天歌手開巡迴演唱會公開表演，門票要價不菲。

西元 1628 年，英國內科醫生威廉‧哈維（William Harvey）在其著名的《心血運動論》（*Exercitatio Anatomica de Motu Cordis et Sanguinis in Animalibus*）中指出，心臟是「一切生命的基礎，一切的起源」。

14 世紀「黑死病」肆虐後的 300 年間，維薩留斯的人體解剖、哈維的血液循環論、雷內克（René Laennec）的聽診器等現代醫學，極大地打擊了天主教權威，促進了人們的覺醒。

16 世紀，馬丁‧路德（Martin Luther）等人在歐洲掀起了一場宗教改革。這場改革打擊了天主教會的神權統治，世俗政府勢力開始崛起，打破了傳統宗教枷鎖，促進了自然科學以及醫學的發展。

從黑死病肆虐到現代醫學的進步，再到宗教改革，這 300 多年是歐洲從愚昧到覺醒的關鍵時期。正是思想解放、自由思想，為現代自由市場的興起創造了條件。

亞當斯密、李嘉圖等經濟學家並未意識到這一點。後來，德國社會學家馬克斯‧韋伯（Max Weber）在他著名的《新教倫理與資本主義精神》（*The Protestant Ethic and the Spirit of Capitalism*）中指出了宗教改革對於資本主義興起的價值。

韋伯在書中提出一個令人感興趣的問題，那就是「工商界領導人、資本占有者、近代企業中的高級技術工人，尤其是受過高等技術培訓和商業培訓的管理人員，絕大多數是新教徒」。

事實上，今天歐美世界新教國家的經濟狀況普遍好於傳統天主教國家。韋伯在書中指出，在專門培養技術人才和工商業人才的學校，以及主要培養中產階級從業人員的學校畢業生中，天主教徒比新教徒所占的比例更小。天主教徒熱衷於文科學校，他們較少從事資本主義性質的企業活動，很少參與經濟生活。

韋伯將這一差異歸結為馬丁・路德、喀爾文（Jean Calvin）推行的宗教改革。如果沒有宗教改革，沒有新教思想，可能就很難出現現代科學與工業。

新教倫理出現的新的教義及思想，如現世禁慾精神、追求現實生活，與資本主義所需要的資本累積、務實進取高度契合。新教倫理誕生了一個副產品，這個副產品賦予了人們以合理的目的追求自我利益的權力，從而促使人們逐漸擺脫愚昧，為個人利益而努力。

新教徒選擇的是「吃得舒服」，追求今生之樂；天主教徒則寧願「睡得安穩」，苦修來世之福。

天主教認為，祈禱和聖歌是修道生活的最高境界。但是，宗教改革後，新教倫理顛覆了這一教義。新教徒認為，「最重要的還是遵從上帝的旨意，把勞動當成人生的目的」。

新教徒奉行的是「不勞動者不得食」。他們還將勞動與祈禱在時間上分開。「上帝希望工作日時各司其職，以踐行他的意志，沉思則放在禮拜日。」

韋伯（Max Weber）最終將資本主義市場興起的思想基礎歸納為理性主義。西方理性主義思潮，推動了現代科學、自由市場及民主制度的全面興起。資本主義的興起依靠的是理性的經濟行為。

亞當斯密的自由思想也源自宗教改革。他的學術思想主要來自斯

◆ 思想市場：資訊似圍牆，該堵還是該疏？

多葛主義倫理學和他的老師哈奇森（Francis Hutcheson）的基督教美德思想（新教）。亞當斯密推崇自然神學，他在格拉斯哥大學多年的講義中最重要的部分便是「自然神學」，即斯多葛學派和哈奇森的基督教思想。其實，亞當斯密在《國富論》中描述的「看不見的手」也是自然神學的概念，即由神設計的市場自然秩序。

新教改革為現代科學興起提供了思想基礎。牛頓對亞當斯密的影響很大，亞當斯密對牛頓宇宙觀高度推崇。亞當斯密在臨終前，命人將其全部手稿燒毀，但唯獨留下了一份關於他對牛頓天體理論的評價。

近代市場的興起，以及市場理論的誕生，可以追溯到宗教改革。自由市場的前提是自由選擇，自由選擇的前提是思想自由。任何有組織或無組織的群眾，都是自由市場的天敵。只有自由發達的思想市場，才能造就發達的市場與繁榮的經濟體。

然而，幾千年來，政治壟斷勢力及有組織的群眾，一直壓制著自由市場的發展。在市場興起之後，原有組織勢力及信仰崩盤，有組織的群眾立即演變為無組織的群眾，這股龐大而無意識的群眾力量，是自由市場的威脅。

法國大革命就是一個典型案例。在西方歷史學家眼中，沒有任何事情比法國大革命更偉大、更源遠流長，但又更盲目失控、無法預料。

西元1789年7月13日的巴黎，謠言四起、人心惶惶，恐慌的巴黎民眾手持槍械，瘋狂地湧向巴士底獄，試圖搶奪火藥。

路易十六（Louis XVI）頭顱被砍後，法王「希望法國不再流血」的遺願不但沒有實現，相反的，法國的斷頭臺工作越來越繁忙。不到50天的時間，僅巴黎一地就處死了1,376人，平均每週196人，到羅伯斯比（Maximilien Robespierre）被處死的時候，著名的劊子手夏爾‧桑松（Charles-Henri Sanson）已經砍掉了2,700顆腦袋。

法國著名心理學家古斯塔夫・勒龐在《烏合之眾：大眾心理研究》(The Crowd A Study Of The Popular Mind)中指出，如果你認為民眾的暴戾之氣一旦被點燃，會被嚴格限於「人民的敵人」，那就太天真了。此時，「殺頭」是重要的愛國之舉，殺誰的頭則並不重要。

從國王、王后、教士、貴族，到雅各賓派人，紛紛被押上斷頭臺。最後，砍頭的「榮耀」逐漸落到了平民身上，被砍頭的農民和工人有近萬人。此後3年，被斬首的「反革命分子」達7萬人之多，法國國內貴族被徹底剷滅。

英國政治家艾德蒙・柏克（Edmund Burke）說：「法國豈止喪失了舊政府，簡直喪失了所有政府，與其說法蘭西成為人類的災難與恐怖，不如說它幾乎成了屈辱與憐憫的對象。但是，從這座被謀殺的君主制的墳墓中，卻走出來一個醜陋、龐大、超出人類全部想像力的可怕的怪物。」[03]

法國歷史學家托克維爾（Alexis de Tocqueville）在《舊制度與大革命》(The Old Regime and the Revolution)中冷靜地論述了他的發現：「對一個壞政府來說，最危險的時刻通常就是它要改革的時刻。」

「舊時的信仰搖搖欲墜，最終消逝，古老的社會相繼坍塌，群眾的勢力則不受任何力量的威脅，並且其威望正在不斷擴大。在這種力量的衝擊之下，個人的暴政為集體的暴政所取代，前者是弱小的，因而是容易推翻的；而後者是強大的、難以摧毀的。」

世界的主宰者、宗教的開創者、帝國的締造者及政治投機分子都是傑出的心理學家，他們對群眾的靈魂有著深刻的掌握。

不管是有組織的群眾，還是無組織的群眾，都是一股無意識、非理性的洪流。一旦身為群體中的一員，人的才智和天分就會被削弱，人性

---

[03] 艾德蒙・柏克《法國革命論》[M]。何兆武、彭剛，譯。

◆ 思想市場：資訊似圍牆，該堵還是該疏？

因而被磨平。異質性在同質性中淹沒，無意識的特徵占據主導地位。

這股「同質均一」的集體洪流，天然對市場的自由思想、獨立選擇加以干涉，甚至以群體暴力的方式剝奪他人自由及私產。

從亞當斯密到馬歇爾，古典主義者強調市場的均衡形態，對市場背後的關於人的思想及行為並未做太多探索。奧地利學派則從「人的行為」的角度出發，揭示了自由思想在市場執行中的邏輯。其中，集大成者為米塞斯（Ludwig von Mises）和海耶克。有趣的是，奧地利學派認為其思想淵源為傳統天主教思想。

海耶克一生都在捍衛自由市場，尤其是自由思想。他在著名的《通往奴役之路》(The Road to Serfdom) 中指出：「在社會演化中，沒有什麼是不可避免的，使其成為不可避免的，是思想。」海耶克說：「觀念的轉變和人類意志的力量，塑造了今天的世界。」

自由思想的真正內涵不是天馬行空、為所欲為，更不是群眾之跟風、從眾、焦慮、勢利、非理性，而是獨立思考、理性思辨。

所以，對於自由市場，我們最終追溯到韋伯所概括的理性主義，或者叫思考、思辨。

群眾的致命弱點是拒絕思考，他們希望直接獲得答案，不關注推理及思辨過程。他們喜歡全盤接受絕對真理，或一概拒絕絕對謬誤。他們喜歡節省思考成本，習慣於逃避責任「搭便車」，追求「集體靈魂」，以獲取安全保障。

這個世界，物質遵循「最低消耗」原則運動，自然生物懂得「趨吉避凶」，經濟社會按照成本最低、利益最大化方式執行，但唯有思考，不能省力、偷懶。

因為若放棄思考，就意味著被奴役。

02　私人契約：人類大規模合作之基礎

從遠古時代開始，人類大部分時間都處於「群眾」狀態。

在與豺狼虎豹鬥爭的年代，個人無法獨立生存，只能求諸集體力量。為了實現集體合作，人類絞盡腦汁地玩起了「政治」，發明了宗教、國家、城邦、部落、氏族、宗族等制度。

從理想國到烏托邦，從平均主義到天下大同，人類試圖利用集體的智慧實現美好夙願。但是，海耶克告誡世人：「通往地獄的道路，通常是由人們善良的意願鋪就的。」因為「那些放棄自由以期換取保障的人，既不配享受自由，也不會得到保障」。

正如海耶克所言，從遠古部落到農耕社會，人類放棄自由、讓渡私有權以換取生存保障，最終淪為被教條規範、國家機器奴役的群眾。

直到近代市場興起，人們才建立到一種既能擺脫奴役又能實現大規模合作的制度——市場制度。

為什麼說市場制度能夠擺脫奴役？

自由市場的前提是自由思想、自由選擇、獨立決策，是人與人之間的一種自願合作關係。傅利曼說，「自由市場是人類發現的唯一能讓多數人自願合作的方式。這也是為什麼它對於維持個人自由至關重要」，自由市場是一組組私人契約的集合。自由市場中人的行為完全是私人行為，而不是集體行為，也不是群眾行為。

參與交易有代價，即「天下沒有白吃的午餐」（傅利曼）；也有收益，即「自由市場最重要的一個核心事實是，除非雙方都能獲益，否則交易不會發生」（傅利曼）。

市場是平等的、不被奴役的私人契約。海耶克說：「錢是人類發明的

◆ 思想市場：資訊似圍牆，該堵還是該疏？

最偉大的自由工具之一。」因為「只有金錢才會對窮人開放，而權力永遠不會」。這句話道出了市場制度與傳統的國家、城邦、部落等政治制度的根本區別。

亞當斯密的偉大之處在於，他在《國富論》中將市場行為界定為私人行為，即「交換及易貨系屬私利行為」。經濟學討論的假設前提是個人選擇，這個前提對錯不重要，重要的是不應跳出這個前提。

市場制度與經濟學都聚焦於私人契約而不是公共契約，但是成千上萬個個體之間如何大規模合作？

市場制度是一種「神奇」的制度，所有人在「看不見的手」的指引之下，按照自我利益最大化的原則行事，結果居然整個社會福利都增加了。要知道的是，之前千百年來，人類都採用相反的邏輯，即使用仁愛、善良、同情心之精神療法感化世人心中之惡念，但依然事與願違。

人們從來沒有見過人人利己還能利他的制度。比亞當斯密更早的政治經濟學家曼德維爾（Bernard Mandeville）曾經寫過一本《蜜蜂的寓言》（The Fable of the Bees）。曼德維爾用蜂巢制度來比喻市場制度。他在書中描述道：在抱怨的蜂巢中，蜜蜂利己，蜜蜂部落繁榮；蜜蜂變得善良和誠實，部落則衰落。

曼德維爾得出一個很簡單直觀的結論：私惡即公利。私慾之「惡花」還能結出公共利益之「善果」？當時，西方的道德家不能接受，稱之為「曼德維爾悖論」。

曼德維爾的《蜜蜂的寓言》打破了千百年來人類的「善良意志論」和「理性設計論」。在曼德維爾看來，試圖以「公共精神」的道德情懷來建立一種充滿美德的繁榮社會，只是一種「浪漫的奇想」，因為私慾和私慾支配的個人惡行恰恰是社會繁榮的動力，缺少了這個動力，公共利益將是

不切實際的概念。

曼德維爾的《蜜蜂的寓言》是自由市場及經濟倫理的思想基礎。自該書出版後，人類對建構大規模合作制度有了全新的、完全不同的路徑。

當時，西方的道德家不能接受「曼德維爾悖論」。時至今日，也有不少人，尤其是群眾，依然不認同這一思想，並將其意識形態化。

勒龐在《烏合之眾：大眾心理研究》中寫道：「群眾的推理能力屬於低劣的範疇」，「群眾的邏輯有兩個特徵：一是將只有表面關聯的不同事物連結起來，二是迅速概括歸納特殊情況」。

因此，群眾對市場的認知容易浮於表象，想當然地從「自利」推導出「惡果」，從而否定市場和交易。更要命的是，「深諳其道的演說家在面對群眾的演說中常常利用這些特徵」，打著「公共利益」的口號煽動群眾運動，從而滿足演說家之個人野心。

當然，其中還有一個重要原因是，曼德維爾以及後來的亞當斯密都沒有深刻洞悉市場按照「自利原則」執行的內在邏輯，如自由思想、私有產權及價格機制等。

後來，奧地利學派在這方面做了很大的補充。在 1920 年代，米塞斯為了防止學術辯論落入意識形態的爭議，選了一個巧妙的角度──科學，來解釋自由市場尤其是自由主義思想。

米塞斯想強調的是，自由市場有著科學性，即符合客觀規律及人性。比如經濟學中的價格機制、供需定律、邊際效益遞減，不僅符合規律，還符合人性。又如，我們有正常說話的自由、行動的自由、娶妻生子的自由、獲得和放棄財產的自由，這些自由顯然讓我們更快樂，對我們更有激勵性。這是符合人性的。

◆ 思想市場：資訊似圍牆，該堵還是該疏？

米塞斯在其著名的《自由與繁榮的國度》中強調：「我們唯一的主張是：保障一切勞動者的自由，保障使人類創造出最高勞動效率的勞動制度。」

米塞斯將市場落實到個人行為之上，將經濟學視為「人的行為」之科學[04]。米塞斯非常重視私有制，將私有產權視為一切自由主義的前提。

市場交易，其實是權益與風險的轉移。私有產權是自由交易的前提，擁有產權意味著擁有占有權、使用權、收益權和處分權，只有具備這些權利才具備交易的條件。這些是最基本的市場交易要素。

從人性的角度來看，私有產權是一種激勵制度。勞動所得屬於個人，自然更能夠激勵自己創造。試問：誰願意純粹為他人拚命賺錢？誰願意與他人共享財產？

傅利曼曾經說過一句經典的話：「花自己的錢辦自己的事，最為經濟；花自己的錢幫別人辦事，最有效率；花別人的錢為自己辦事，最為浪費；花別人的錢為別人辦事，最不負責任。」

米塞斯苦口婆心地告知當時德國、俄國及歐洲大陸的群眾：「只有私有制和自由經營活動，才能確保人類勞動達到最高的效益。」米塞斯還說，如果取消私有制能夠創造更高的效益，他也會贊成消滅私有制。

不過，也有學者從英國999年的使用權轉讓制度中獲得啟發，認為所有權不是最重要的，轉讓權才是合約的關鍵。999年使用權利用了人類有限預期的缺點，畢竟大多數人都不會關注999年之後的事情。從根本上說，使用權的解決方案其實是捨近求遠之法。但是不得不說，這種制度的出現也是歷史演變與自發秩序的結果。

反過來看，為什麼群眾運動、理想主義、平均主義及大同社會最終

---

[04] 米塞斯《人的行為》[M]。夏道平，譯。

都會走向失敗？

從科學的角度來看，這些制度及行為違背了經濟規律與人性。

從人性的角度來看，每個人都為他人或集體而努力，結果卻是人人都想「搭便車」、偷懶、占他人便宜，生產力無比低下。這種制度以道德高尚知名，其行為卻極端自私和惡劣。這種制度具有「劣幣驅逐良幣」的功能，驅使人們爭先恐後地搶奪、占便宜，狼吞虎嚥地使用公共資源，用自己的卻極度小氣自私。

從經濟規律來看，米塞斯和海耶克建立了知識分散理論。知識分工在海耶克看來「至少是與勞動分工同等重要」的問題。海耶克認為，知識都分散在每個人的腦子裡，任何個人、企業及政府都無法掌控所有的資訊。

既然無法掌控所有資訊，就無法實現統一的計畫和經濟運算。如此，群眾的集體干預行為其實是「致命的自負」，這種集體經濟訴求注定無法實現。反過來，尊重個人自由，實施私人契約，其實順應了市場知識的分散性規律。

既然知識是分散的，那麼市場如何將知識集中起來，並實現有效配置？

亞當斯密沒有揭開這一面紗，反而用「看不見的手」之隱喻將其神化了、黑箱化了。後來，芝加哥學派和奧地利學派用價格理論把市場的邏輯說清楚了。與傅利曼相比，海耶克的解釋更加細膩：「從本質上來說，在一個有關相關事實的知識由眾多個人分散掌握的系統中，價格能夠幫助不同的個人協調他們所採取的彼此獨立的行動，就像主觀價值可以幫助個人協調他所指定的計畫的各個部分一樣。」

美國密西根州一位名叫倫納德·里德（Leonard Read）的自由市場倡

◆ 思想市場：資訊似圍牆，該堵還是該疏？

議者寫過一篇著名的文章叫〈我，鉛筆〉(I, Pencil)。在這篇文章中，裡德使用第一人稱來描述以鉛筆製造為核心的複雜而有序的社會分工、大規模合作及市場交易的過程：

「我，鉛筆，是種種奇蹟的複雜的結合：樹、鋅、銅、石墨，等等。然而，在這些大自然所顯現的種種奇蹟之外，還有一個更為非凡的奇蹟：人的種種創造精神的聚合——成百上千個微不足道的實際知識，自然地、自動地整合到一起，從而對人的需求和欲望做出反應，在這個過程中，竟然沒有任何人來主宰！」

讀了這篇文章後，海耶克稱讚倫納德：「他還是一位深刻獨到的思想家，不露痕跡地把他的深刻結論融入日常用語。」

傅利曼曾經在其電視專題節目及同名書《選擇的自由》(Free to Choose)中引用過倫納德的這個故事。他讚嘆這篇文章既闡明了亞當斯密「看不見的手」——在沒有強制情況下合作的可能性——的含義，也闡明了海耶克強調分立的知識和價格體系的含義。

透過「鉛筆的故事」，我們至少可以從以下幾個方面更加深入地理解市場的邏輯：

第一，市場是一個陌生人之間的大規模合作制度，價格機制將無數分散的知識有機而有效率地組合在一起。

第二，這種大規模的合作沒有一個中央機構，完全是自發的、自願的，市場的結構是分散式的，市場的主體是個人。

第三，市場可以大幅度地降低成本，提升資源配置效率，（無數個）一塊錢即可指揮成千上萬的人為無數人生產鉛筆。

傅利曼說：「每次我們到商店購買一支鉛筆，我們都是用我們的少許

勞務,來換取投入到鉛筆生產過程中的成千上萬人中的每個人提供的極小量的一些勞務。」

這句話概括了市場的價格機制、商品交易、迂迴生產、分工合作以及自由行為市場所有的內涵。

市場最終建立在私人契約之上,契約內容包括私人產權、個人權利、行為及思想自由,其中私人產權是私人契約的核心。

公共契約與市場的私人契約天生對立。群眾主張的任何公共契約、集體利益,都與市場相對立。在市場中,公共契約擴張,大眾以公共利益之名介入市場,就會扭曲市場價格、洗劫他人財富、製造競爭不公,導致市場效率及社會福利損失。

03　制度經濟:經濟全球化共生之基礎

不過,凱因斯則強調,政府應以「公共利益」之名對市場進行干預。

海耶克與凱因斯的爭論,起源於凱因斯在 1923 年發表《貨幣改革論》(*A Tract on Monetary Reform*)。此後,二人爭論一世,亦敵亦友,成為 20 世紀經濟學史上的一段佳話。

凱因斯與海耶克之間的大論戰,是政府干預主義與自由市場思想之間的巔峰對決。這場論戰延續至今,「有形之手」與「無形之手」之間的較量依然激烈。

在「有形之手」這端,常以「公共利益」之名,借有組織群眾之勢,行權力控制之實。假公濟私侵犯私人契約,扭曲市場價格。

在「無形之手」這端,常以「自由」之名,借無組織群眾之勢,行利益壟斷之實。

◆ 思想市場：資訊似圍牆，該堵還是該疏？

　　海耶克對放任自流、極端自由主義持否定態度。海耶克被認為是「自由主義倡議者」，很多人誤以為他堅持放任主義。事實卻剛好相反，他認為，放任自流是對自由最大的誤解。海耶克在任何一本著作中都極力反對亞當斯密繼承者所倡導的放任自流的自由思想。

　　海耶克倡導的自由主義，是服從法律的自由。海耶克早年在維也納大學攻讀法律與政治學博士，他對法律的推崇卻很容易被人忽視。

　　海耶克在美國期間寫了一本著名的《自由秩序原理》(The Constitution of Liberty)。在這本書中，海耶克強調法律之於自由的作用。他將自由定義為「服從於法律，而不是任何人」。他引用了約翰·洛克的話：「何處無法律，則亦無自由。」

　　海耶克還提醒世人，追求自由需要付出代價──「我們尤其必須意識到，我們可能是自由的，但同時也是可憐的，自由並不意味著事事皆好，自由的確可能意味著忍飢挨餓、鑄成大錯或捨命冒險」。這恰恰是自由市場最公平之處，自由與風險、收益與代價並存。

　　在思想市場中，自由言論也是受法律限制的。謠言與惡意言論、誹謗詆毀是思想市場中的劣質仿冒品，具有負外部性──個人效用大於社會效用。透過法治（而不是皮古稅、「政府之手」）才能促使社會效用與個人效用均等，從而實現柏拉圖最適狀態。

　　歸納起來，海耶克主張用法律約束自由市場、私人契約及私有權力，同時也認為，法律之約束亦適用於政府的公權力。

　　海耶克認為，一個自由社會不但只要求政府對強制行為有壟斷權，而且還要求政府的壟斷權只限於強制行為，並在所有其他方面，政府應該在與任何其他人一樣的條件下行事。

　　比如法院、警察、稅務、行政等，海耶克認為這些是民眾授予政府

的具有強制性的壟斷權。除此之外，政府應與私人一樣無特權，價格管制和供給管制不能與自由市場同在。

這裡要著重強調的是法治經濟與總體經濟調控的區別。海耶克認為，凱因斯以及凱因斯主義者導致政府調控經濟的任意性大大增加，從而忽略法律對經濟管理的嚴肅性和長期性。政府總體經濟調控擴大化，對私人契約干預越多，法律的標準越難得到伸張，市場自由越會受到限制。

凱因斯強調政府有明確的經濟目標及干預政策，而海耶克主張「國家的無目標性」，盡量用法律約束調控之手。

海耶克認為，現代政府「普遍的、無目標的抽象行為規則取代了共同的具體目標」。什麼意思呢？

海耶克認為，國家這一強制性力量與過去的部落統治方式最大的不同是它沒有必要再為整個共同體制定統一的目標並集中財富去實現這一目標。政府也不需要設立 GDP 之類的經濟目標，只要建立公平的抽象規則，「實施這些抽象規則，以此保護個人的自由領域不受他人的強制或侵犯」。[05]

在經濟調控方面，政府之手僅限於財政政策，貨幣政策被作為獨立機構的央行掌控。產業性政策、公共性政策都被「法律化」，不能作為逆週期調節經濟的手段。

實際上，1960、1970 年代，新自由主義崛起之後，海耶克的自由秩序原理、布坎南的公共選擇理論、阿羅的社會選擇理論、波斯納的法與經濟學，都強調透過法律來共同約束公權力與私權力擴張，以保護自由市場。亞當斯密發現了「無形之手」，凱因斯發現了「有形之手」；海耶

---

[05] 弗里德里希·奧古斯特·馮·海耶克《致命的自負：社會主義的謬誤》[M]。馮克利、胡晉華，譯。

◆ 思想市場：資訊似圍牆，該堵還是該疏？

克、布坎南等人發現了「制度之手」，共同制約「有形與無形之手」。

與這股思潮同時興起的是拉爾夫・納德（Ralph Nader）引領的消費者權益保護運動。

傅利曼當時在其電視專訪節目上說：「許多人希望政府出面保護消費者。然而，當務之急是保護消費者免於政府的侵害。」傅利曼依然從自由市場的角度解決侵害消費者的問題。他說：「保護消費者的最有效的方法是國內的自由競爭和遍及全世界的自由貿易。」

納德及美國立法者則拿起立法之利器，推出一系列包括汽車召回、天然氣管道安全、控制輻射、家禽衛生、食品與藥品安全等法律。這些法律約束了市場私有權的擴張，也約束了政府公權力的濫用，尤其是防止諸如環保政策等用於總體經濟調控。

但是，如何制定法律呢？

托克維爾（Alexis de Tocqueville）在他的《民主在美國》（*Democracy in America*）中洞察到了社會的真諦：

「一個民族不論如何努力，都不可能在內部建立起完全平等的社會條件。……當不平等是社會的常態的時候，最顯眼的不平等也不會被人注意；而當所有人都處於幾乎相等的水準時，一點小小的不平等也會使人難以容忍。」

有組織的群眾與不平等的社會規則，無組織的群眾與相對平等的社會規則，幾乎都是完美搭配的。前者通常看起來國泰民安，而後者經常因一些「小事」而陷入水深火熱之中。

在社會規則的設定上，通常有兩種主張：一種是菁英主義，另一種是自發秩序。

群眾習慣於放棄思考或「搭便車」，依賴菁英設計制度，這相當於寄希望於放棄權利與自由以換取所謂的平等和保障，但結果通常都是以悲劇收場。

傅利曼在《選擇的自由》中敏銳地洞察：「一個把平等置於自由之上的社會兩者都得不到。一個把自由置於平等之上的社會在相當程度上可以兩者兼得。」

自發秩序的主張或許更符合經濟規律。海耶克在其《個人主義與經濟秩序》(*Individualism and Economic Order*)中指出，所有的社會秩序及制度都是自發的，都是無數個人在漫長的歷史過程中，透過模仿的習慣及理性的分析逐漸形成的，而不是某個偉人、先知設定的。

在《個人主義與經濟秩序》中，海耶克透過自發秩序理論將自由與秩序、個體與整體、個人與國家結合在一起。他引用了亞當·弗格森（Adam Ferguson）的名言：「民族或國家乃是因偶然緣故而形成的，但是它們的制度則實實在在是人之行動的結果，而非人之設計的結果。」

只有自發秩序才能建立一種有可能把自由賦予所有人的制度，而不是建立一種把自由僅僅賦予「好人和聰明人」的制度。如此，才可能避免國家政權被少數人壟斷、獨裁。

根據知識分散理論，市場是一組自發性的運作機制，市場制度應該是自發形成的秩序。資訊、權利原本分散在每個人手上，沒有任何一個人能夠掌握所有資訊設計出「最大公約數」的制度。只有每個人都分享資訊、讓渡一部分個人權利，然後集合成為公共秩序和公共權力，才能保障每個人都享有更多的自由。

不過，在市場中，有一種契約非常特殊，那就是貨幣契約。貨幣是一種自發形成的公共契約，而不是私人契約。如何形成一套公共制度來

◆ 思想市場：資訊似圍牆，該堵還是該疏？

約束貨幣公共契約，成為當今世界的難題。

在市場中，所有契約都是私人的，唯有貨幣是公共契約。貨幣猶如經濟世界的「對照組」，它是市場價格的度量衡、市場交換的媒介以及財富儲存器。後者依賴前者，人們之所以儲存貨幣，是因為其具有最好的流動性可以用於交換；貨幣之所以能夠用於交換，是因為其價格穩定。價格穩定、可用於交換，即貨幣的價值所在。

因此，貨幣這一公共契約的天職且唯一的職責，便是維持價格的穩定。但凡對貨幣職責的擴張，如增加就業、為股市提供保障、刺激經濟，都是以此公共契約傷害私人契約。

傅利曼說：「通膨是未經法律許可的稅收。」就連凱因斯的《貨幣論》(A Treatise on Money)，也都以幣價格穩定的思想貫穿其中。他認為，通縮和通膨都對經濟不利，物價波動會引起財富重新分配，而使一些階層得益、另一些階層受損。恪守鑄幣原則，才能避免鑄幣權被濫用於經濟控制與假公濟私。

貨幣這單一而嚴謹的天職，符合貨幣作為公共契約的本質，亦符合自發秩序之法律。美國《合眾國憲法》第 1 條第 8 款明確規定：「鑄造貨幣，調節其價值，並釐定外幣價值。」傅利曼認為，政府並未成功地履行憲法賦予的責任。

貨幣作為公共契約，更需要自發秩序來建構一種約束制度。以自發秩序之法律約束貨幣公共契約，避免鑄幣權被總體經濟調控擴大化，避免假逆週期調節、公共利益之美名而被濫用。

然而，正如勒龐在《烏合之眾：大眾心理研究》中所說，「制度和政體都是種族的產物」，「形成一種政體常常需要數百年，改變這一政體也需要數百年」。

在過去千年，群眾以自發秩序的方式選擇了集權制度，將鑄幣權上交給了統治者。當這舊勢能抵達臨界態時，群眾往往以極度暴力的方式砸碎舊制度和舊世界。然而，砸碎舊制度容易，建構新世界難。

勒龐得出的結論是，我們不能在制度中尋找深刻影響群眾的靈魂的方式。制度的確作用於群眾的靈魂，但是群眾靈魂的開竅才是自發秩序形成的根本。群眾運動的激盪往往是一些國家的歷史宿命。

所以，海耶克很矛盾，市場、民主與自發秩序都必須建立在自由思想之上，而不是群眾之上。但是自由思想又不是天然形成的，更何況千年的群眾慣性猶如基因遺傳般頑固。正如勒龐所言，群眾式運動往往具有一定的英雄主義色彩，固化的社會需要這種衝擊。

拿善於思辨的德意志來說，這個強悍的民族，也是經過煉獄般的洗禮，最終才明白了人類文明的真諦及靈魂的歸宿。

不過，海耶克似乎找到了一條捷徑。他將自發秩序擴大化到國家制度及國際規則上，國際開放性反過來敲開群眾靈魂之門。

海耶克認為：「自由經濟的政體是任何國際組織得以成功的必要條件。」同時他也指出：「廢棄民族國的主權而創立一個有效的國際法治的秩序，是自由綱領的補足條件與邏輯結果。」

國家制度是個人權利對外讓渡，演變為公權力及公共規則的結果。全球化則是國家權力不斷對外讓渡，進而形成共識規則的過程。1952年成立的歐洲煤鋼共同體是歐洲第一個對外讓渡國家主權進而形成的國際組織。如今，這一組織已發展成為我們熟悉的歐盟。

歐盟內部成員國讓渡了關稅主權、鑄幣權（歐元）以及部分財政主權。

◆ 思想市場：資訊似圍牆，該堵還是該疏？

　　一些開放性的國際金融城市實行固定匯率和資本自由流通政策，從而放棄了貨幣政策的獨立性。這其實是國家貨幣主權的對外讓渡，卻符合國際經濟規律（三元悖論）。

　　這些開放性的國際金融城市，其治理結構及司法體系具有國際化特徵。比如，在紐約、倫敦、法蘭克福上市的公司，其董事不少由外籍人士擔任。又如，一些金融城市的司法體系中也有一些外籍法官及官員。這種制度安排，其實是讓國際社會及投資者對金融城市法治的可靠性、中立性更加具信心。

　　2009年，世界經濟還處在危機之中，英國政府任命了一位來自加拿大的經濟學家馬克・卡尼（Mark Carney）擔任英格蘭銀行行長。這是英國央行318年歷史上首位外籍行長。

　　外國人掌控本國的貨幣政策決策權，英國一些保守派對此還是經過了一番思想掙扎。但是，倫敦金融城將這一任命評價為「一陣清風和一種令人鼓舞的跡象」，顯示英國政府「對外來事物持開放態度」。

　　作為一個國際性的開放金融城市，全球化「共治」成為主流趨勢。馬克身為外籍行長，可以避免捲入英國內部的政治及經濟勢力糾葛，更能夠堅持貨幣政策的中立，不會陷入要麼強硬要麼溫和的教條主義。國際投資者對這種開放性的態度及制度更加歡迎。

　　這就是全球化市場形成的國際自發秩序。這也是當今世界不同膚色、不同種族、不同國家、不同語言、不同文化及意識形態的人，參與國際大規模合作的有序法則。

參考文獻

[1] 查爾斯·麥凱。異常流行幻象與群眾瘋狂 [M]。阮一峰，譯。臺灣：財訊出版社，2007。

[2] 馬克斯·韋伯。新教倫理與資本主義精神 [M]。康樂、簡惠美，譯。上海：上海三聯書店，2019。

[3] 古斯塔夫·勒龐。群眾心理學 [M]。陳璞君，譯。北京：北京師範大學出版社，2018。

[4] 托克維爾。舊制度與大革命 [M]。馮棠，譯。北京：商務印書館，2013。

[5] 海耶克。通往奴役之路 [M]。王明毅，馮興元，譯。北京：商務印書館，1997。

[6] 曼德維爾。蜜蜂的預言 [M]。肖聿，譯。北京：商務印書館，2016。

[7] 米塞斯。自由與繁榮的國度 [M]。韓光明，譯。北京：商務印書館，1995。

[8] 海耶克。自由憲章 [M]。楊玉生、馮興元、陳茅，譯。北京：中國社會科學出版社，2012。

[9] 托克維爾。論美國的民主 [M]。董果良，譯。北京：商務印書館，1989。

[10] 傅利曼。自由選擇 [M]。胡騎，席學媛，安強，譯。北京：商務印書館，1982。

[11] 海耶克。個人主義與經濟秩序 [M]。鄧正來，譯。北京：生活·讀書·新知三聯書店，2003。

◆ 思想市場：資訊似圍牆，該堵還是該疏？

奧運神話落幕

2021 年 7 月 23 日晚上，遲到一年的東京奧運在爭議聲中開幕！與往屆奧運的喜氣洋洋不同，這屆奧運幾乎空場開幕、空場比賽。在新冠肺炎疫情的籠罩下，東京奧運多了幾分憂愁與傷感。

在百年歷史中，奧運曾被國家意志綁架，染上意識形態色彩，經過職業化、商業化的洗禮，如今被推到國家債務懸崖上，不由人不冷靜反思。

曾經，奧運對我們的影響有多深，現在，它光環剝落的速度就有多快。

本部分從歷史的角度探索奧運與國家意志、自由市場的關係，分析奧運存在的核心問題。

01　角鬥場、犧牲品與宣傳堡壘

西元 1894 年，法國教育家皮耶爾・德・顧拜坦男爵（Pierre de Coubertin）與 12 個國家的 79 名代表決定復興奧林匹克精神，成立了國際奧委會，從此拉開了現代奧運的序幕。顧拜坦也被譽為「現代奧林匹亞之父」。

顧拜坦最初覺得應以「團結、友好、和平」的口號來指導比賽，後來，他採納了朋友狄東修士（Henri Didon）的提議 ——「更快、更高、更強」。顯然，他更喜歡這個口號，因為它更純粹。

顧拜坦提倡民間體育與體育的純粹性，反對體育民族主義化以及反對軍國主義體育。他在演講中說道：「先生們，耶拿 - 奧爾施泰特戰役後

不久出現了許多德國體操的狂熱信徒，熱情推廣其作用。隨後，越來越多的信奉者遵從德國體操的戒律，在操練中追求動作孔武有力，用一句話概括，其本質是軍事性的。」

不過，令顧拜坦沒有想到的是，在他晚年時，奧運淪為德國政治野心家操縱輿論、傳播意識形態的工具。

1932 年，國際奧委會將下一屆奧運主辦城市確定在柏林。此時，德國納粹主義盛行，這群極端民族主義者認為奧運是「猶太人和和平主義者搞的花樣」，認為猶太人、黑人和白人一起比賽簡直是個笑話。

1933 年，以阿道夫・希特勒為首的納粹黨上臺，德國政局大變。國際奧委會也開始考慮是否需要更換主辦地。他們特地找人前往德國調查「體育界是否有反猶太現象」，同時與納粹政府開始了談判。

談判的結果令人意外，納粹政府出具了書面證明，保證猶太人運動員在參加奧運的訓練、選拔和參賽中不會受到任何歧視。納粹政府為何會鬆口？

因為這時希特勒意識到，奧運是一個絕佳的舞臺。受「一戰」以及《凡爾賽和約》制裁的影響，德國的國際地位大幅下滑。希特勒試圖透過柏林奧運來改善處境，擺脫外交孤立，宣揚民族主義，重塑民族凝聚力。在柏林奧林匹克檔案編號為 33/g155 的記錄中有：「（希特勒）已明白，從外交角度看，德國處境十分困難。奧運必伴有的大型文化活動，可以爭取世界輿論的同情。」

納粹政府印刷了成噸的宣傳材料，上面寫著德國「繁榮與昌盛」；同時，耗費巨資打造容納 10 萬人的大型體育場、容納 2 萬人的游泳池以及籃球館，還修建了一個極為豪華的奧運村。希特勒還邀請僑居美國的德國猶太女擊劍手、1928 年奧運金牌得主海琳・邁耶回國參賽。

◆ 思想市場：資訊似圍牆，該堵還是該疏？

不過，另外一群人反感納粹的政治宣傳以及作秀行為。1936年6月，法國巴黎召開了「保衛奧林匹克思想大會」。眾多國家的參會者號召反對在柏林舉辦奧運，要求國際奧委會改地巴塞隆納。紐約還成立了一個抵制委員會，抵制柏林奧運。但是，令人感到奇怪的是，國際奧委會沒有改變決定。甚至，顧拜坦（Coubertin）以國際奧委會終身名譽主席的身分站出來支持柏林奧運。

兩個月後，1936年8月，柏林奧運順利開幕，老邁的男爵顧拜坦透過廣播在開幕式上發言：「奧林匹克運動的一個重要精神是參與不是獲勝，對人生而言，重要的絕不是征服，而是戰鬥……」

這段宣揚體育精神的簡短發言，迅速為柏林奧運組委會祕書長冗長的納粹主義宣傳所淹沒。奧運場上空飄滿了紅紅的納粹旗，奧運五環旗隱於其後。運動員宣讀奧運誓詞時也沒有手握奧運五環旗，而是手握納粹旗。各國代表隊入場時，3,000多名選手走過主席臺，接受希特勒的檢閱。

德國為這場奧運舉國投入，各項賽事在極權統治下有組織地展開，向國內民眾及世界各國展現了德國的安定、團結，以及納粹黨強大的領導力與聲望。

對希特勒來說，這無疑是一場完美的政治策劃。奧運結束後，媒體詢問顧拜坦如何看待柏林奧運上的納粹政治宣傳。顧拜坦反問記者：「政治宣傳與旅遊宣傳有何不同？譬如說，1932年洛杉磯奧運上的那些旅遊廣告，換成政治宣傳不是也差不多嗎？對奧運來說，最重要的是奧林匹克運動本身是否借舉辦奧運之機得到了發展。」

我們的男爵老糊塗了嗎？「二戰」後披露的檔案表明，在1936年5月，柏林奧運組委會主席萊瓦（Theodor Lewald）在希特勒授意下致函顧

拜坦，贈送了他了 10,000 帝國馬克或 12,300 瑞士法郎，以「表達敬意」。信中特別強調此舉「不必公開」。這筆折合現在幣值大約 90 萬美元的捐贈款，成了顧拜坦一生的汙點。

1936 年柏林奧運展現出一場體育賽事可能具備的蠱惑人心、操控輿論的魔力。

「二戰」後，世界很快落入美蘇爭霸的冷戰格局。美國與蘇聯所代表的兩個世界集團展開全維度的較量，大到上太空，小到一場籃球賽。

1972 年，美蘇爭霸，劍拔弩張。在慕尼黑奧林匹克體育館內，美國男籃與蘇聯男籃狹路相逢，一場小型「冷戰」激烈開打。「這是世界最強壯的、爭奪霸主地位的兩個國家在戰鬥，而籃球，一向都是屬於我們的！」當時美國國家隊後衛、後來在 NBA 擔任教練的道格・柯林斯 Doug Collins 這樣說。在此之前，美國隊連續 63 場不敗。

但是，比賽最後 10 秒鐘，蘇聯隊居然反超美國隊 1 分，球權還在蘇聯隊手上。美國隊高強度施壓，搶斷了對手，蘇聯隊還賠上了犯規。柯林斯登上罰球線，兩罰全中，美國隊反超蘇聯隊 1 分，比賽時間僅剩 1 秒。

這時，戲劇性的一幕發生了。在當時的國際籃聯祕書威廉姆・瓊斯（William Jones）的介入下，裁判將比賽重新計時至 3 秒。美國隊球員感到氣憤和莫名其妙，可是就在最後 3 秒，蘇聯隊做出一個長傳球，亞歷山大・貝洛夫（Alexander Belov）接球直殺籃下，絕殺美國隊，奪得金牌。

美國隊立即訴諸仲裁，但是仲裁委員會的 5 個人中有 3 個人來自蘇聯集團，他們以 3：2 投票結果駁回了美國隊的訴訟。

這是美國隊在奧運籃球賽上輸掉的第一場比賽。在頒獎時，美國隊拒絕領獎。這塊奧運銀牌，至今仍舊擱置在瑞士洛桑市。

◆ 思想市場：資訊似圍牆，該堵還是該疏？

　　但這不是最激烈的鬥爭。就在這場比賽開始的 6 天前，8 個恐怖分子帶著衝鋒槍潛入奧運村，目標是以色列運動員居住的 31 號建築。這群恐怖分子殺死了 2 名以色列運動員，劫持了 9 名人質。接著，德意志聯邦共和國政府展開了災難式營救，9 名被劫持者均被殺，還賠上了 1 名聯邦德國警察。

　　這就是震驚世人的慕尼黑奧運慘案。奧運從國家意識形態的角鬥場，變成為政治恐怖分子的殺虐場。

　　1979 年 12 月底，蘇聯出兵入侵阿富汗。美國強烈聲討蘇聯，卡特（Jimmy Carter）總統發表宣告：蘇聯若不在 1980 年 2 月 20 日前從阿富汗撤兵，美國將抵制莫斯科奧運。

　　1980 年，莫斯科奧運如期開幕，但是卻成為有史以來最冷清的一屆奧運。美國、日本、聯邦德國、中國、菲律賓、加拿大等 63 個國家抵制這屆奧運。許多參賽的國家也只派一名旗手，以奧運會旗代替國旗進場。

　　閉幕式上，莫斯科奧運主場館上沒有按慣例升起下一屆奧運主辦國美國的國旗，而用洛杉磯市市旗代之。同時，一隻吉祥物熊，含著一滴淚水與人們告別。這是一滴冷戰的眼淚。這屆奧運是奧運史上最大的危機，充斥著國家鬥爭以及意識形態衝突。

　　1984 年洛杉磯奧運，蘇聯拉攏了 16 個國家報復美國，抵制奧運。但是，這一屆奧運卻是最傑出的奧運。

　　奧運為何成為政治的犧牲品、美蘇爭霸的角鬥場以及民族主義的宣洩口？

　　希特勒極權主義和美蘇爭霸僅是表象，問題出在奧運本身。

從西元 1896 年首屆現代奧運開始，國際奧組委遵守業餘原則，以保持競技運動的純潔與神聖。所謂業餘原則，就是拒絕職業運動員參賽。1980 年代之前的奧運，不允許職業運動員參賽。參賽的運動員幾乎都是國家培養的運動員，他們靠納稅人的錢訓練，代表國家參賽，為國家爭取榮譽。這已經埋下了國家主義的沉沒成本。在奧運賽場上，運動員與國家供養的軍人無異，為國爭光是本職工作。在看臺上、電視機前的各國納稅人也會看自己的錢花得值不值。拿到一塊金牌，升起一面國旗，足以激起無數人內心澎湃的國家自豪感。反過來，如果比賽輸了人們就感覺虧大了。

這就是那時的奧運，是瘋狂的奧運！

02　職業化、商業化與體育市場

奧運國家主義的後果是，國民熱血沸騰，主辦城市負債累累。

在美蘇爭霸的格局下，蘇聯和美國都不甘落後，大規模投入申辦奧運。但是，鉅額的財政投入像丟進水裡，如何向國民交代？美蘇兩國政府只能在廉價的民族主義上加持。只要贏了對方，天天吃泡麵也值得。

不過，美國是聯邦自治體系，辦奧運的錢由州政府出。這相當於主辦州花錢幫聯邦政府以及其他州賺取民族自豪感。於是有人不做了。1970 年，美國科羅拉多州的丹佛獲得了第十二屆冬季奧運的主辦權，但是在兩年後的全州公投中，科羅拉多州民眾反對為奧運提供資金。最後，丹佛成為第一個拒絕舉辦奧運的城市。

1976 年，加拿大的蒙特羅中了「大獎」。蒙特羅奧運超支、欠鉅債，為這座城市帶來了沉重的債務負擔。當地政府為此每年向市民徵收額外稅金，直到 30 年後償清完這筆債務時才停止。

◆ 思想市場：資訊似圍牆，該堵還是該疏？

此後兩屆奧運，除了美國與蘇聯，沒有任何國家願意主辦。1978年，洛杉磯「不幸」拿到了主辦權。於是，大量加州人反對。民意調查顯示，支持主辦奧運人數的比例從原來的80%急遽下降到34%。美國州自治、分權以及個人力量，在一定程度上制衡了政治家以國家之名進行的政治賭博。這時，加州州長布朗效仿此前的科羅拉多州，宣布不給洛杉磯奧運分文經費。

這就促成了奧運史上和行銷策劃史上的一個經典案例。南加利福尼亞促進奧運委員會不願意放棄，他們萌生了一個瘋狂的想法：讓私人來承辦洛杉磯奧運。

國際奧運的關鍵人物薩馬蘭奇（Joan Antoni Samaranch）主席在1980年走馬上任，此時正大舉推行奧運商業化、職業化改革。他同意了洛杉磯奧運的這種冒險嘗試。主辦機構先成立了一個「洛杉磯奧運組織委員會主席遴選委員會」。該委員會挑選了一個負責人擔任主席，此人是一家旅遊公司的總裁，叫彼得·尤伯羅斯（Peter Ueberroth）。然後，把洛杉磯奧運這個專案承包給尤伯羅斯，不出一分錢。

尤伯羅斯承接這個專案後，自己掏了100美元去銀行開通了洛杉磯奧運組委會的帳戶，然後開始想辦法募資。尤伯羅斯開闢了兩大財源：一是出售電視轉播權；二是唯一贊助商模式（奧運TOP贊助商計畫）。此後歷屆奧運均以這兩大方式募資。

僅電視轉播權就銷售了2.87億美元，遠高於1980年莫斯科奧運的1.01億美元。唯一贊助商模式為大公司帶來了巨大競爭壓力，可口可樂拿出1,200萬美元力壓百事可樂，富士花了700萬美元擊退柯達。最終，尤伯羅斯向32個贊助商共收取了3.85億美元，而莫斯科奧運的總贊助費用才900萬美元。另外，洛杉磯奧運門票一共賣了1.23億美元，發行

各種紀念郵票、紀念章共集資接近 1 億美元。

尤伯羅斯還把火炬接力榮譽席位給商業化。之前，火炬手一般為優秀運動員或各界代表性的人物。但是，尤伯羅斯以 3,000 美元價格銷售火炬接力的 1 公里傳遞權，人人可購買，人人可傳火炬。這項業務獲得了 4,000 萬美元的收入。

最後，洛杉磯奧運一共募資 7 億美元，盈利 2.25 億美元，尤伯羅斯賺了 1 億多美元。尤伯羅斯做了一件很了不起的事情，他可以說，這件事不僅國家可以做，我也能做，還做得比國家好。這是當時唯一盈利的奧運。

事實上，尤伯羅斯還拯救了奧運。莫斯科奧運造成鉅額虧損後，各國對奧運敬而遠之。但是，他的私人模式讓主辦城市又看到了希望。此後，奧運主辦城市的申請數量持續增加，到 2000 年奧運時達到了 30 餘個城市。

1991 年蘇聯解體，歐美思想界認為，意識形態的鬥爭時代已經結束，代表是法蘭西斯・福山的「歷史的終結」。在奧運上，種族主義、國家主義、民族主義的意識形態帷幕緩緩落下，商業勢力迅速崛起，進而驅散了意識形態的煙霧。

1992 年巴塞隆納奧運是冷戰結束後的第一屆奧運。這屆奧運也被認為是迄今為止最圓滿的一屆賽會。什麼叫最圓滿？奧運面貌煥然一新，當時全部 172 個奧運成員國和地區都參加了這場盛會。這屆奧運投入巨大，總投資達到 240 億美元。其中 60% 來自民間自籌，包括商業力量。

這屆奧運還有一個非常大的特點是職業運動員的加入。「二戰」後，體育運動向兩條路發展：一是蘇聯與東歐國家的舉國體制；二是西歐與美國的職業化道路（商業化、市場化與俱樂部）。由於職業運動員不能參

◆ 思想市場：資訊似圍牆，該堵還是該疏？

賽，當時蘇聯和東歐國家的運動員拿金牌拿到手軟。

到了 1970、1980 年代，歐洲五大足球聯賽和美國職業籃球聯賽（NBA）開始崛起，一些職業運動員的水準迅速超過了非職業運動員。1974 年，國際籃聯（FIBA）官員鮑里斯拉夫 · 斯坦科維奇（Borislav Stanković）前往美國對籃球進行考察，他被 NBA 球員的水準嚇到了。這讓他意識到，必須想辦法讓世界上最優秀的球員參加國際競賽，將他們引入奧運的賽場。

商業力量和職業運動員的崛起，迫使國際奧組委做出改變。薩馬蘭奇主席於 1981 年修改了《奧林匹克憲章》的有關條文，去掉了「業餘原則」詞條，並且委託各國際單項體育協會制定自己的條款準則，由協會確認參賽選手是否符合業餘原則。1988 年漢城奧運上，網球項目率先開啟先例，職業網球選手開始參與奧運金牌角逐。

1985 年，NBA 總裁大衛 · 史騰（David Stern）在紐約的辦公室接待了斯坦科維奇。最初，史騰對斯坦科維奇的提議不感興趣。但是，這讓他萌生了 NBA 國際化的想法，將 NBA 品牌和球星推向全球市場。

1989 年，國際籃球聯合會（FIBA）取消了職業球員不能參加國際比賽的規定。這為美國男籃「夢幻隊」參加奧運開闢了道路。最開始，喬丹（Michael Jordan）等眾多球星不屑於參加這種美國大學生隊去應付的比賽。不過，「魔術師」強生（Magic Johnson）積極居中協調，最終組建了豪華「夢幻一隊」，即第一支「夢幻隊」。喬丹、強生、伯德（Larry Bird）、巴克利（Charles Barkley），星光熠熠，在巴塞隆納為全球球迷奉上了一場場美妙的籃球盛宴。比賽變成了大型追星現場，不分國籍、不分種族的球迷們為之瘋狂。有意思的是，喬丹的對手──一個國家隊的球員，特地囑咐隊友，等自己和喬丹對位的時候，一定要幫他拍照，記錄下這個

「美妙」時刻。在喬丹的身上，我們看不到國家主義、民族主義、種族主義。喬丹，是世界的。籃球，是純粹的。

透過「夢幻一隊」，最大的贏家不是美國，而是NBA。NBA藉此開啟了全球化之路。那幾代球迷都是先認識23號，再來是NBA，然後愛上籃球。到2003-2004賽季，NBA常規賽的賽事及節目透過151個不同的電視臺在全球212個國家和地區播放。

2008年奧運，柯比（Kobe Bryant）、詹姆斯（LeBron James）、韋德（Dwyane Tyrone Wade, Jr）組建了豪華「夢幻八隊」參加奧運。NBA超級巨星為了在全球市場推廣自己的品牌，往往願意出征奧運。比如杜蘭特（Kevin Durant），跟腱傷勢剛恢復便率領美國隊出征東京奧運。當然，對於大量一般球員來說，他們在全球市場的商業價值不足，更傾向於利用假期休息和訓練。但是，沒有人會詬病他們不愛國。

如今，體育競技的職業化已經完全碾壓舉國體制。歐美職業化程度高的籃球、足球、棒球，俱樂部以及商業賽事培養了大批優秀球員。國家基本上不花納稅人的錢培養球員，只需要臨時組隊，即可出征奧運。納稅人沒有為球員付出多少成本，球迷淡化了國家情懷，他們更多地欣賞、關注自己喜愛的球星。球員也沒有太大的壓力，在他們心中，奧運冠軍或許並沒有NBA冠軍、歐冠的分量重。

有人批評，奧運商業化改變了體育競技的純粹性。什麼是體育競技的純粹性？如果說用納稅人的錢供養的運動員和比賽是純粹的，那麼喬丹以及「夢幻一隊」貢獻的比賽難道不純粹？去除國家主義的煙霧，奧運還剩下什麼？

03　低效率、高負債與政治投機

2000 年雪梨奧運或許是奧運史上又一轉振點。薩馬蘭奇稱讚，雪梨奧運是「有史以來最好的一屆奧運」。為何是最好的一屆奧運？雪梨奧運在商業運作上非常成功，在場館建設、城市推廣方面又恰到好處。

此後，奧運的商業運作日漸成熟，但「恰到好處」卻拿捏不準。比如，被疫情推遲的東京奧運，爭議就非常大。2021 年 5 月的民調顯示，超過 83% 的日本民眾希望東京奧運取消或延期，僅有 14% 的表示贊同按時召開。爭議是什麼？

除了疫情，就是經濟帳目。東京奧運的總成本高達 260 億美元，如今要把這個錢賺回來幾乎不可能。受新冠肺炎疫情衝擊，本屆奧運將有 97% 的比賽空場舉辦。門票收入從預計的 8 億美元縮水到幾千萬美元。能否延期舉辦，疫情過去再辦？

2020 年 4 月《日本經濟新聞》曾做過一份統計，如果東京奧運延期 1 年，相關場地維護管理費以及各體育團體舉辦資格賽所需的經費等，合計將會達到 58 億美元。

如果取消東京奧運，日本政府已經為此投入了龐大資金，這是一筆難以承受的沉沒成本。主場館新國立競技場由 1964 年東京奧運主場館改造而成，但也耗資約 14 億美元。除了 67 億美元出自東京奧運籌備委員會，其他接近 200 億美元全部由日本政府承擔。

更何況，根據與國際奧委會簽署的協議，東京方面無權取消奧運。如果東京拒絕舉辦，那麼日本需要歸還大筆資金給國際奧委會，還要向電視轉播商和贊助商賠付鉅額違約金。如果菅義偉首相取消奧運，他的政治生涯很可能也要因此結束。日本政府硬著頭皮也要把這屆奧運辦下去。

如今，主辦國政府很少利用奧運打國家主義、民族主義的牌，但在努力推動凱因斯主義式政績。主辦城市官員試圖藉奧運之名大進行基建設施投資，帶來短期的就業與成長，博取政治績效。日本政府也有此意，前首相安倍晉三在申奧時說過：「我想讓奧運成為掃除通貨緊縮和經濟衰退的觸發器。」

1988 年漢城奧運，新崛起的韓國急於向世界展示「漢江奇蹟」的偉大成就。當然，韓國此舉非常成功，也促使韓國有了歷史性的進步。漢城奧運開啟了新興國家展示國際影響力，以及以此加快國家基礎設施建設的先例。從 2000 年雪梨奧運後，俄羅斯、巴西等新興國家熱衷於申辦奧運，在基建上投入的預算規模驚人。2008 年金融危機後，全球貨幣大放水，刺激了新興國家以及像日本這類先進國家藉奧運擴張財政。

比如，2014 年索契冬季奧運會預算是 500 億美元，俄羅斯政府將 85％ 的資金投入基礎設施建設上，大部分設施是新建的。政府告訴民眾，我們不僅在辦奧運，還在改善城市基礎建設。

但是，民眾很快知道，這種基建療法猶如具有副作用的特效藥，帶來了短期的經濟成長，卻導致了長期的負債和浪費。

奧運主辦城市的基建擴張導致預算嚴重失控。從 1960 年開始，奧運預算平均超支率高達 172％。2000 年雪梨奧運後更加嚴重。2004 年雅典奧運原定預算 45 億歐元，最後擴張到近 90 億歐元。希臘政府欠下鉅額債務，納稅人苦苦支撐，撐到 2008 年爆發主權債務危機；為了償還 2014 年索契冬季奧運會的債務，俄羅斯納稅人每年需要多繳納接近 10 億美元的稅收。到這屆東京奧運，在 2013 年申請時，日本政府定下的預算是 75 億美元。此後多次變更預算，到 2020 年釋出第五版預算計畫時，已耗資 154 億美元。但是按照日本政府審計，這屆奧運花費應該在 260 億美元左右。

◆ 思想市場：資訊似圍牆，該堵還是該疏？

　　舉辦奧運為何總是虧本，甚至還擊垮了國家和城市財政？

　　奧運基礎設施建設費用昂貴，奧運結束後商業價值微乎其微，還需花費大量資金維護。主辦城市需要建設一個容納一兩萬人的奧運村，需要配置幾萬個房間，以及各種服務設施。奧運後，奧運村的豪華設施幾乎長期閒置，每年維護費用超千萬美元。比如，2000年雪梨奧運的主場館每年維護費用達3,000萬美元；2004年雅典奧運建造的大多數設施幾乎已荒廢；2016年里約熱內盧奧運的多數場館在一年後就被廢棄或閒置，奧林匹克公園被關閉，奧運村成為空城。

　　大規模無用、無效的基建，除了帶來負債、通膨以及廉價的情緒，其他什麼也沒增加。2012年倫敦奧運期間創造了4.8萬個臨時工作職位。但會後，這些臨時工作職位便自動消失了。奧運過後，主辦城市容易陷入債臺高築、經濟衰退的困境。這就是「後奧運低谷效應」（Post-Olympics Valley Effect）。

　　如今，各國民眾逐漸意識到，借錢看豪華煙火晚會，太奢侈了。

　　以2024年奧運申辦為例。德國漢堡預計要申辦，但全民公投時因超過半數市民反對而退出。義大利總統開始宣布羅馬申辦，但羅馬市議會擔心開銷太大會讓納稅人增加負擔，市長拉吉（Virginia Raggi）反對不實用的基礎設施項目，義大利撤回了申請。匈牙利的布達佩斯也迫於市民壓力而放棄申辦。美國最開始讓波士頓申辦，但波士頓支持者沒有超過50%，然後改由洛杉磯申辦。這樣，只剩下兩個城市競爭：一個是法國巴黎，另一個是美國洛杉磯。2017年在瑞士洛桑舉行投票時，巴黎包辦了2024年奧運，洛杉磯包辦了2028年奧運。是不是有點淒涼？

　　奧運，問題出在哪裡？

　　奧運並不是一個好計畫，而是一項糟糕的投資。有人說，商業化破

壞了奧運精神。其實正好相反，奧運不夠職業化、市場化、商業化，使得各方陷入了「囚徒困境」。

用一句話來說，奧運的模式將政府置於經營者、投資者的角色。奧運主要參與主體其實是各國政府。政府行政權力的壟斷性和代理人制度的昂貴成本，決定了各國在奧運上的投資是效果很差的。這激勵了政治投機主義。

1980 年代之前，各國政府出資培養運動員參賽，相當於政府直接經營體育市場。低效率的經營花費了大量的財政，政府只能從國家情懷上補強心理作用，以彌補納稅人的經濟損失。如此，奧運會在當時容易淪為民族情緒的宣洩口以及國家利益的角鬥場。

80 年代之後，職業運動崛起，奧運開始了市場化改革，自由市場培養運動員，政府更少或不直接參與對體育項目的經營。比如，在奧運開賽前，美國田徑、游泳項目均從全國所有運動員中選拔。所以，奧運在 1984 年的洛杉磯重新煥發生機。

但是，奧運的冷門項目比較多，很多專案職業化程度低，很多國家用納稅人的錢來培養運動員參賽，相當於政府直接參與經營。

更大的問題還在於奧運主辦城市不得不為大量職業化程度低的項目建設場館和提供服務。這些場館的後期利用率極低，導致了大量的浪費。在代理人制度成本極高的國家，這種浪費是極為驚人的。

與足球世界盃相比，奧運投入更大、虧損更大。為什麼？區別在於市場化程度。世界足球的職業化程度非常高，多數國家基本上不花納稅人的錢培養足球運動員。而且，足球場的後期利用率很高。政府在世界盃上扮演的角色更像是組織者，而不是經營者、投資者；而在奧運上則正好相反。所以，看世界盃，我們的內心更純粹，更能享受到體育競技的魅力。

◆ 思想市場：資訊似圍牆，該堵還是該疏？

　　最近十多年引發全球貨幣寬鬆風潮，代理人制度在財政與貨幣約束上不足，激勵主辦國政府大舉投資，不僅直接經營體育項目、奧運項目，還直接投資大城市。但是，後果就在眼前：風光不再，虧損自行承擔。

　　東京奧運開幕，奧運神話落幕。這不是壞事。

歷史觀：
從制度到秩序，以經濟學看歷史

　　歷史，如明鏡，可自省，可鑑世。讀史，有清風拂面、豁然開朗之感。
　　而經濟學視角下的歷史，就猶如一條曲幽小徑，綠意盎然，趣味叢生。以經濟學邏輯探尋歷史，有時能從另一維度給文化史、社會史、政治史以照映、解讀。

歷史觀：從制度到秩序，以經濟學看歷史

國家何以興衰：權力的遊戲與大國的代價

「普天之下，莫非王土；率土之濱，莫非王臣。」(《詩經‧小雅‧北山》)

大國情結或許與對「國家」概念的總體性認知傳統有關。這是一種抽象的認知，包含著被道德化、總體化、自然化的解釋。

與總體性概念相對的是，有限國家概念。在有限國家概念中，學者將地域意義上的國度 (country)、民族共同體 (nation)、統治權力機構 (state) 以及行政執行機構 (government) 加以區分。

進入現代社會，國家之興衰及榮辱、國民之尊嚴及富有，取決於人民抽象抑或是具象的國家認知，以及在此基礎上建立的國家制度。

17 世紀中葉，荷蘭阿姆斯特丹港口一艘艘商船駛向浩瀚的大洋，這個「風車之國」乘風破浪雄霸全球。之後，英國、法國、德國、美國、日本等紛紛切換賽道，迅速崛起。當然也有阿根廷等不少國家掉入「坑」裡。

從新制度經濟學角度來看，制度是理解現代人類進化的鑰匙。國家之興衰，取決於制度之優劣。

「制度變遷理論」開創者、美國經濟學家道格拉斯‧諾斯認為，制度具有決定性作用。他說：「除非基礎知識產量成長，否則，新技術發明最終將陷於收益遞減。」

諾斯提出了一個著名的「諾斯悖論」：「國家的存在是經濟成長的關鍵，然而國家又是人為經濟衰退的根源。」

諾斯認為，人類史上一共出現過三種社會秩序：原始社會秩序、限

制進入秩序、開放進入秩序。

原始社會秩序是指人類以狩獵、捕魚和採集野生食物為生階段的早期社會。限制進入秩序在人類歷史上已存在上萬年，這個階段對應的政治體制是「自然國」。開放進入秩序則是現代國家的概念，具有政治開放和經濟發達之特徵，與之相應的政治體制則是「法治國」。

在諾斯看來，目前大多數國家仍然處於「自然國」狀態。在「二戰」後，只有少數國家完成了這一社會轉型。在當今世界，大約25個國家和15%的人口生活在開放進入秩序的社會中；另外175個國家和85%的人口仍然生活在自然國家中。

要觀察一國能否崛起，關鍵是看其能否從自然國轉型成為法治國。

01　自然國　古代制度的優勢

國家起源學說眾多，如柏拉圖（Plato）、亞里斯多德（Aristotle）的自然起源說，奧古斯丁（St. Augustine of Hippo）、阿奎納（St. Thomas Aquinas）的國家神權說，霍布斯（Thomas Hobbes）、洛克（John Locke）、盧梭（Jean-Jacques Rousseau）的社會契約論，以及馬基維利（Niccolo Machiavelli）、馬克思和恩格斯（Friedrich Engels）的國家剝削論（掠奪論），其中社會契約論最為流行。

洛克和盧梭認為，在自然法狀態下，人類天生就是自由、平等和獨立的。由於世界險惡，個人勢單力薄，人們不得不團結起來，將一些個人權利讓渡給一個集體組織，然後聘請代理人（政府）行使公權力，來保護每個人的人身及財產安全，主要責任是提供公共財。

社會契約論者將國家視為一個「公司」，國民是股東，政府是代理人，個人與國家之間是契約關係。這個契約保證每個人的權利平等和自由。

盧梭說：「建立一種能以全部共同的力量來維護和保障每個結合者人身和財產的結合形式，使每一個在這種結合形式下與全體相聯合的人只不過是他本人，而且同以往一樣自由。」

洛克和盧梭所說的契約國，其實是法治國的概念。他們與霍布斯都認為，國家是人性邪惡的產物，國家的作用是防止人作惡。

但是，盧梭和洛克的契約國顯然有些理想。當今世界，真正按照平等的社會契約組成的法治國，也不過 20 多個。大多數國家更接近於霍布斯所描述的「臣民對主權者必須絕對服從」的「利維坦」。甚至，不少國家所謂的社會契約，最終走向了馬基維利主義。

為什麼當國民讓渡部分權利組成國家後，公權力卻將這個國家帶向霍布斯的強政府社會，甚至是馬基維利的「明君」統治的國家，洛克和盧梭的社會契約最終被強權踐踏？

諾斯比洛克、盧梭更進一步，從制度的角度揭示了社會契約執行的難度。

諾斯認為：「儘管社會契約論解釋了最初簽訂契約的利益，但未說明不同利益成員的利益最大化行為，而國家剝削論忽略了契約最初簽訂的得利，而著眼於掌握國家控制權的人從其選民中攫取租金。」

現實中，國家起源更可能來自暴力學說，而不是盧梭、洛克提倡的外生力量。「人們為了私利而爭鬥，呈現出一切人反對一切人的戰爭狀態。」這時，人們只能寄託於一個強人或強人組織出現來保護自己。

以暴制暴，是早期國家組建的原因。

霍布斯在《利維坦》(*Leviathan*) 中寫道：「在沒有一個共同權力使大家懾服的時候，人們便處在所謂的戰爭狀態之下。這種戰爭是每個人對

每個人的戰爭。」

諾斯認為:「所有社會都必須設法抑制或制止暴力,但不同社會採取的方法是不同的。比如最普遍的自然國家對暴力的控制,是透過賦予那些有暴力潛能的個人或組織以一定形式的特權或政策紅利,從而建立在政治對經濟的操縱基礎上。」

換句話說,現在絕大部分國家所處的所謂「自然國家」,其面對的核心問題就是以暴制暴。

在中世紀,歐洲大陸上的土地多得像空氣一樣充裕,自由民或農奴為什麼不在廣大的土地上開墾莊園,而去領主莊園中租賃土地耕種,繳納沉重的租金和賦稅,甚至淪為領主的私人財產(奴隸)?

「因為鄉村受到北歐海盜、穆斯林、馬扎爾人乃至土匪等搶劫幫派騷擾的威脅,任何有較大價值的地區都要由城堡和受過訓練的兵士保護。」

經濟學家李嘉圖還因此產生了誤解。李嘉圖認為,以前的土地非常多,不需要支付地租。地租產生是由人口增加、土壤肥力遞減導致的。

其實,中世紀時期的所謂廣袤的土地,並不是經濟學上嚴格定義的生產要素。只有領主莊園內受到城堡、騎士保護的土地才是真正具有經濟價值的土地。而地租和賦稅,其實是一種保護費——設防的城堡和具有作戰技術的騎士提供了地方安全(公共財)。

所以,這種莊園制度,不是社會契約論中的平等契約。「為了達到一個最高尚的目的,可以使用最卑鄙的手段。」

在領主莊園中,農奴與領主之間是人身依附關係,不存在所謂的平等契約。西方有一句名言——「我的附庸的附庸,不是我的附庸」,準

確地描述了這種契約關係。

「農奴除了被束縛在土地上外，還要為他的女兒出嫁付出一筆奴役性罰金，即結婚稅。他死時其最好的牲畜還要被徵收遺產稅，或稱死手權，他得按領主的旨意交錢納稅；他的穀物得堆放在領主的磨坊裡。」「他們的勞動還要供給軍事統治階級和有關神職人員的衣食之需，而這後兩種人則通常給他們以短暫的安寧、公正、教導和戒諭。」

「這樣，莊園的習慣法已經成為不成文的『憲法』，或者說實質上已成為無政府社會的一種重要的制度協定。最適合地說，這個世界是一個個孤立的小村落，常有一處堡壘作保護，四周荒野環繞。」

所以，我們通常說的所謂古羅馬帝國其實不是一個真正意義上的「國家」，而是由一個個獨立性很強的領主莊園組成的城邦聯盟。這一領主制形態，與中國商周時期比較接近。

諾斯認為，這種國家設立的目的並不是保護契約成員，而是利用其防禦性質的公權力（城堡與騎士）促使統治者租金最大化。

在諾斯看來，這種自然國轉型成為法治國的關鍵有兩點：

一是確定私有產權，私有產權具有激勵性。

二是降低交易成本，使社會產出最大化，從而增加稅收，提供更多公共財，服務納稅人。

私有產權及交易費用的制度安排，在中國封建社會的推動作用是非常明顯的。中國商周時期的封建體制，類似於歐洲中世紀的領主制。

商周時期貴族和國王都是一家人，由姬、韓、趙、魏、智、範、中行多個姓氏的貴族統治，依據親疏來封地。天下井田為周王所有，貴族、領主向周王繳納地租和賦稅。我們經常說，周天子家天下。

當時生產力水準低下，貴族親屬治國信任成本低，是交易成本最低且權力租金最大化的一種制度。

後來，鐵器革命爆發，地方諸侯、貴族、領主大力開發私田耕種（自己所有），而荒廢公田（無產權，賦稅重），井田制開始瓦解，產權制度發生了變化。

久而久之，強枝弱本，周天子難控局面。到了西元前685年，齊桓公命管仲改革，廢除井田，設立鹽官、鐵官、稅官及鑄錢機構，建立行政體系。在「尊王攘夷」之後，周王朝王權旁落，封建領主制瓦解。

春秋五霸、戰國七雄相互征戰，最後秦國一統天下。秦國商鞅變法，推行了廢井田、重農桑、獎軍功、實行統一度量和建立縣制等一整套改革。「開阡陌封疆」，實行土地私有制；「集小都鄉邑聚為縣」，廢除分封制；按軍功賞賜二十等爵，廢除舊世卿世祿制。

這種新的產權制度安排，明顯更具激勵性，符合當時正在崛起的士大夫利益。

鐵器革命爆發，私田大量被開墾，華夏肥沃土地上的糧食產量大增，因此，秦朝有足夠的財力供養一支職業化軍隊以及公務員隊伍，從而建立了一整套集權國家體系。

從此，中國走上了高度集權的封建郡縣制的道路。

與古希臘城邦的商貿經濟不同，農業經濟強調自然循環，拒絕交易，懼怕風險。在一塊肥沃的土地上，權力結構穩定，農民不流動，人口穩定繁衍，世世代代務農，糧食及生活自給自足，這是成本最低、風險最小的理想狀態。

於是，為了降低交易風險，統治者實施「書同文、行同倫」，建立

「以正君臣，以篤父子，以睦兄弟，以和夫婦」等級森嚴的綱常保障。農民依附在土地上，不流動，不思考，只幹活。

透過科舉制度，讓最優秀的人去做官，而不是經商和進行科學研究。

科技的發明不能破壞農業的穩定以及統治的權力。但凡有科技不受控，比如火藥，很容易被壓制。

這樣，每個人很清楚自己的角色和本分，每個人各盡其責、堅守本分，人口能夠持續繁衍，社會秩序自然穩定。整個社會的交易成本大幅度降低，風險更小，資源配置的效率也更高。

可見，統治者利用孔孟之道建立了一個權力租金更高、交易成本更低的國家機制。統治者透過建構一套消滅市場的制度來降低交易成本，弱化社會分工，退回到一套封閉的自然經濟體系之中。

與歐洲莊園制度相比，這套封閉的制度無疑是先進的，私有制激發了勞動積極性。與早期古希臘、古羅馬商業制度相比，這套封閉的制度也是先進的，因為其交易費用更低。

古希臘、古羅馬受制於鹽鹼化的土地，只能發展商業謀生。在當時，生產力低下，靠交易生存無疑是極為不穩定的。反觀古代中國，在一個封閉的自然經濟體系中，社會分工及交易環節極少，交易費用低，春耕秋收極其穩定。

在古代社會，人的壽命很短，人口繁衍是大事。《禮記・曲禮上》說「二十曰弱，冠」，行了成人禮後經「父母之命媒妁之言」成家立業、傳宗接代。

孔子說，「父母在，不遠遊，遊必有方」，儒家強調「百善孝為先」，用各種禮教來約束人的行為和自由。

這樣，社會以最小的成本、最穩定的方式實現傳承。反過來，當時依靠國家養老、市場投資養老都是非常不可靠的。

但是，這套制度本質上是有利於統治集團、無效率的產權結構。

諾斯認為：「理解國家的關鍵在於為實行對資源的控制而盡可能地利用暴力。」統治者企圖確立一套基本規則，幾乎消滅了市場，以保證自己的「壟斷租金」最大化，因而會阻礙經濟成長。

經濟學家寇斯曾經說，交易費用為零，市場效率最大化。也有學者認為，交易費用為零，不存在市場。

古代統治者為了降低交易費用（交易風險）而完全消滅市場交易，採用高度計劃的方式（自然經濟）安排生產與社會。在生產力落後、物資匱乏的時代，這是一種更為有效率、安全的方式，只是這一方式最終會走向死路。

所以諾斯說：「從自身利益出發，統治者往往可能維持或建立一套無效率的產權制度。」由於自然國具有建立在排他、特權、租金創造之上的內在力量，是穩定的秩序，因而要完成其轉型極度困難。

自然國的結局是什麼？

「自然國能夠提供一種長時段的社會穩定，並能為經濟成長提供某種環境條件，但是總存在孕生社會動亂的可能性，從而暴動和內戰經常是一種可能的結果。」

自然國的悲劇，往往是反覆踏入歷史的暗流。即使在私有產權中，統治者也會建構一系列制度促使自己的壟斷租金最大化。即使交易費用降低促進了經濟成長，統治者也會利用經濟力量以及一切科技力量維持統治。最終，經濟或國家崩潰於自然國的馬爾薩斯陷阱。

自然國如何才能跳出歷史週期律？

02　法治國　現代國家的代價

海耶克認為，未來民族國會走向法治國。人們可以根據自己的意志及法治原則，建構一個具有共同法律意志的國家。但是，這種法治國在民族情緒濃厚的東亞國家只能是個奢望。

如何才能從自然國過渡到令人羨慕的法治國？

經濟學家約拉姆・巴澤爾（Yoram Barzel）認為，人類社會一開始是處於霍布斯叢林，建立國家源自保護需求。但是統治者也是自利的，他們在建立統治機制後便會濫用其權力。只有當建立能夠控制統治者的機制時，如法律體系和決策程序，初始的自然國才會漸漸演進為一個法治國。

縱然巴澤爾引入了博弈論予以解釋，但對於自然國而言，至高無上的統治者轉變為被限制的統治者，這又談何容易？阿爾欽說過，有效率制度必然替代無效率制度。但是，改變無效率制度的困難程度令人難以想像。

除非在一個新大陸上「畫圈」，就像美洲大陸一樣，由一群來自不同國家的清教徒根據協商出來的共同原則，在這片新土地上建立一個他們想要的國家。這就是法治國家的制度優越性。

但是，為什麼同是美洲大陸的巴西、阿根廷沒有成功轉型成為法治國？事實上，早在哥倫布之前，維京海盜曾經因迷航而到過美洲大陸，為什麼維京海盜沒有建立法治國？

社會學家馬克斯・韋伯用「新教倫理」進行了解釋。韋伯對國家有一個經典的解釋，即「國家擁有合法使用暴力的壟斷權」。韋伯把現代國家等同於職業官僚體制，是「新教倫理」所孕育的理性秩序不斷擴展的結果。

韋伯認為，馬丁·路德、喀爾文領導的宗教改革形成的新教倫理，如禁慾精神、追求現實生活、熱愛勞動，與資本主義所需要的資本累積、務實進取高度契合。

新教徒選擇的是「吃得舒服」，追求今生之樂；天主教徒則寧願「睡得安穩」，苦修來世之福。新教徒奉行「不勞動者不得食」，把賺錢本身當作一種目的、一種職業責任、一種美德和能力的表現。

「工商界領導人、資本占有者、近代企業中的高級技術工人，尤其是受過高等技術培訓和商業培訓的管理人員，絕大多數是新教徒。」

傳統基督教反對利息，有息貸款於西元1312年就被教宗克萊孟五世（Clemens Quintus）禁止。但是，「新教後來為利息做出了這樣一種非常的辯護：資本供應者貸出的貨幣，尤其是貸給富人的商業貸款或有權勢者的政治貸款，得到商業利潤是應該的，利息只是借貸雙方共享這些利潤的合法形式」。

事實上，時至今日，新教國家的經濟水準整體要好於傳統天主教國家。西班牙、葡萄牙是典型的傳統天主教國家，它們對阿根廷、巴西的國家基因影響巨大。美國、加拿大則是由新教徒建構的國家。

從拜占庭帝國開始，羅馬教宗為了強化統治，將教權凌駕於政權之上，世俗政府勢力相對較弱。西元1340、1350年代，歐洲爆發了極為恐怖的「黑死病」（歐洲中世紀大瘟疫），奪走了歐洲三分之一人口的生命，嚴重地打擊了宗教勢力。

拜占庭帝國滅亡，中世紀結束，宗教改革興起，世俗政府及國家勢力崛起。這時，歐洲才真正出現典型意義上的國家。歐洲國家並未在封建制度上停滯太久，很快轉型為法治國。

最先突破的是宗教勢力、世俗政府勢力最弱的荷蘭。

◆ 歷史觀：從制度到秩序，以經濟學看歷史

「荷蘭，特別是北方七省是西歐逃脫馬爾薩斯抑制的第一個地區。」

荷蘭屬於歐洲西北部沿海低地北方省，是被歐洲人忽視的不毛之地。在 16 世紀中期之前，它還不是一個國家，先後受哈布斯堡王朝、神聖羅馬帝國、西班牙的統治，但是教廷勢力和世俗政府對該地的控制影響力不足。

15 世紀地理大發現後，荷蘭憑藉優良的阿姆斯特丹港口以及寬鬆的宗教及政治統治，吸引了各國移民、逃離城邦的農民、海盜、漁民、投機者、手工業者聚集於此，以捕魚、貿易及手工業為生，日漸成為歐洲商貿中心。

在這種條件下，荷蘭最容易誕生人類歷史上第一個法治國。

不過，這群形形色色的移民、貿易商、手工業者，最初對國家並不感興趣，他們關心的是誰來保護他們日益增加的財富不被海盜、盜賊洗劫。

開始，這群人在國家管理問題上選擇用商業手段來解決。他們先後與西班牙、英國協商，它們提供保護，他們繳納稅收。後來，他們覺得西班牙和英國抽稅太多，北方七省就聯合起來自己組建國家，僱傭管理代理人來保護商業，因而與西班牙爆發了 80 年戰爭。

西元 1588 年，商業快速發展的 7 個省分聯合組成荷蘭聯省共和國。這時，「國家利益和社會先進部門的利益就在這一地區出現了幸運的結合」。

歷史學家稱，它是世界上第一個「賦予商人階層充分政治權利的國家」。這也是歷史上第一個法治國。

這個法治國，是近代世界崛起的第一個強國。

「荷蘭不是依靠自然的恩賜,而是發展了比其對手有效的經濟組織,並在這樣做的過程中獲得了在經濟上和政治上都與其國家之小規模不相稱的重要性。」

西元 1688 年,荷蘭建國 100 年,一支龐大的艦隊從阿姆斯特丹港啟航,這些船上載著荷蘭的最高執政官威廉三世(Willem III)。受英國議會的邀請,威廉三世前去保護英國國民的「宗教自由和財產」。

為了避免當年斯圖亞特王朝復辟的前車之鑑,英國議會上下兩院決定向威廉三世提出一個「權利宣言」。這一宣言的核心是,用法律限制王權,以及任何天主教徒不得擔任英國國王。

威廉三世接受了這些要求,成為英國國王。不過,他成為英國史上第一位王權受到法律約束的英國國王。這一偉大的舉動被稱為「光榮革命」。

第二年,英國議會通過了《權利法案》,這部法案只有短短十三條,其中規定,以國王的權威干涉法律是為非法行為。

這部法律的頒布,象徵著英國王權受到約束,確立了「議會至上」原則,保證了議會擁有立法權、財政權、司法權和軍權等。

「王在法下」和「議會至上」成為從自然國轉型為法治國的基石。

從此,英國繼荷蘭之後,成為第二個崛起的近代國家。

可見,從自然國到法治國的關鍵,並不是諾斯強調的私有產權的確立和交易成本低下的制度,而是「王在法下」的國家制度。換言之,只有建立「王在法下」的制度,私有產權的確立和保護,以及降低交易成本才有意義。這一主張,解決了「諾斯悖論」。

王權受到約束後,英國的工業制度,包括從荷蘭學來的股票交易制

度、股份公司制度以及第一部專利法才發揮出巨大的作用。

但是，在現實中，只有當統治者的預期收益高於他強制推行制度變遷的預期成本時，強制性制度變遷才會發生。但是，當預期收益達到時，統治者往往又會建立低效的強權制度來強化統治。

所以，從自然國到法治國，注定是一個反覆博弈、來回掙扎的漫長過程。

在諾斯看來，英國和荷蘭的制度都是成功的，而西班牙和法國則是失敗的。西班牙和法國都是傳統教權和封建王權統治強大的國家。傳統的歷史包袱、強大的舊勢力，為這兩個國家的法治國之路設定了極大的障礙。

不過，其實法國是成功的。只是與英國相比，法國舊制度與大革命的博弈更加艱難、殘酷、血腥以及失控。這個國家付出了極為沉重的代價後，才真正步入法治國行列。

西元 1793 年，瘋狂的革命黨人砍下了國王路易十六的頭顱，整個法國陷入著魔般的失控。此後 3 年，被斬首的「反革命分子」達 7 萬人之多。法國貴族被徹底剿滅。

法國作為歐洲傳統農業國，具有非常明顯的「自然國」特徵，也是歐洲步入法治國最為艱難、曲折、血腥的國家。這個國家付出的代價，令整個歐洲王族、貴族生畏，也讓原本支持法國大革命的美國開國者們跌破眼鏡。

除了法國外，另外一個經歷了殘酷戰爭的國家便是德國。

法國大革命時期，德國還是一個四分五裂的農奴制國家。西元 1864 年開始，「鐵血宰相」俾斯麥（Otto von Bismarck）發動了三次王朝戰爭，

德國才得以統一。之後，威廉一世與俾斯麥推行富國強兵的政策，德國迅速於歐洲大陸中崛起。

但是，到了威廉二世（Wilhelm II）時代，強大的國家主義、驕縱的民族主義推動這個國家往外擴張，最終引爆了第一次世界大戰。

「一戰」結束後，這個國家的國民選舉了希特勒上臺試圖一雪前恥。不幸又導致了「二戰」爆發。

所以，德意志從自然國到法治國，人類付出了無比慘痛的代價。這個強悍的民族，經過煉獄般的洗禮，最終明白了人類文明的真諦，也找到了靈魂的歸宿。

我們再來看看阿根廷。

20世紀初，憑藉大量糧食和牛肉出口，阿根廷成為世界經濟大國，被譽為「世界的糧倉和肉庫」。

但是，阿根廷其實是封建農場主的後代，這個國家並沒有徹底地進行過一次革命。經濟大蕭條開始，阿根廷人告別了農業為主的生活，軍人政府上臺。此後，裴隆主義（正義主義）與民粹主義一直反覆攪亂這個國家，經濟跌宕起伏。

自1982年拉美債務危機以來，阿根廷爆發了9次金融危機。這個曾經快速成長的新興國家，最近幾十年反覆踏進同一條歷史河流，在貨幣及債務危機的泥淖中無法自拔。

時至今日，阿根廷依然不是一個法治國。阿根廷等國掉入的「中等收入陷阱」其實是制度陷阱，是既得利益者對制度建設的反噬。

對於取得一定經濟成就的自然國而言，防止後發劣勢，避免開倒車和反噬制度是關鍵。

從自然國到法治國，是一場場血腥的權力的遊戲，或許是國家無法迴避的代價。

03　烏托邦　未來世界的困惑

美國這個國家的建立，更符合法治國的預設條件。

通常認為，美國的立國精神來自著名的「五月花號」（Mayflower）。西元 1620 年 9 月 16 日，這艘從英國普利茅斯出發的船隻，載著包括男、女及兒童在內的 102 名船員，其中 35 人為清教徒，開往北美。

在登陸之前，這群人制定了一個共同遵守的公約——《五月花號公約》，41 名自由的成年男子在上面簽字。

公約這樣寫道：「為了上帝的榮耀，為了增加基督教的信仰，為了提升我們國王和國家的榮耀，我們飄洋過海，在維吉尼亞北部開發第一個殖民地。我們這些簽署人在上帝面前共同莊嚴立誓簽約，自願結為民眾自治團體。為了使上述目的能得到更好的實施、維護和發展，將來不時依此而制定頒布被認為是對這殖民地全體人民都最合適、最方便的法律、法規、條令、憲章和公職，我們都保證遵守和服從。」

這份公約，被認為是北美大陸第一份自治公約，代表著「人民可以由自己的意思來決定自治管理的方式，不再由人民以上的強權來決定管理」。

國家未立，先有合約意識及自治公約，這無疑是法治國的良好基因。但是，這與美利堅合眾國的成立還有相當大的距離。

獨立戰爭勝利後，北美 13 個殖民地擺脫了英國的統治。在美國大多數開國者眼中，英國的政體屬於強權政府，美國必須避免重蹈覆轍。

因此，美國 13 個州的勢力及大部分開國者，都在努力避免建立一個強而有力的中央政府。於是，他們最終成立了一個極為鬆散的聯邦國家，聯邦政府，甚至國會都是象徵意義的存在。

在西元 1781 年生效的《聯邦條例》中，第 1 條說這個聯盟叫「美利堅合眾國」；第 2 條宣告，「凡未經本邦盟召集之國會明確授予合眾國者外，各州保留其主權、自由與獨立及所有權能、領域與權利」；第 3 條說各州加入的是「一個堅固的友好聯盟」。

《聯邦條例》沒有給予國會徵稅權、關稅管理權以及管理州際貿易的權力。西元 1781 年至 1783 年，國會計劃向各州徵收 1,000 萬美元的財政費用，結果只收到不足 200 萬美元。國會曾向各州要求對所有進口貨物徵收 5% 的關稅，但遭到州政府的拒絕。

國會的任何重要決定都至少需要 9 個州的批准才能最後生效，修改《聯邦條例》則需 13 個州的一致同意。有些州甚至不願意派代表參加國會，使得國會會議都無法正常舉行。

另外，州與州之間的矛盾尖銳，聯邦政府難以調和。聯邦政府沒有設立中央銀行，各州分別發行州貨幣，導致流通困難，通膨加劇。各州為保護自身利益，發動貿易戰，對他州商品課以重稅。

當時，傑佛遜（Thomas Jefferson）出任國務卿，整個部門只有寥寥數人。亞當斯出任駐英大使（John Adams），他的困惑在於美國有的州並不遵守西元 1783 年的美英和平協定（巴黎條約），而聯邦政府卻無法對其進行制裁。

諾斯認為：「我們（美國）故意建立起一個效率低下的政治制度，防止受到一個效率很高但想做壞事的政府的危害。」

在這種制度下，美國的中央政府及國會很難達到應有的作用。獨立

◆ 歷史觀：從制度到秩序，以經濟學看歷史

後的美國很快陷入嚴重的財政、稅收及債務危機，聯邦政府一度瀕臨破產。英國人甚至認為，美國作為一個完整的國家難以維持下去。

西元1783年，費城軍營發生的一次軍事叛亂迫使國會緊急解散，搬離費城，後經過多次周折才遷到紐約。這時，一些開國者意識到，薄弱的聯邦政府及國會可能會將美國拖入萬劫不復的深淵。

華盛頓後來在給友人的一封信中說：「我認為國會必須擁有比目前更多的和更廣泛的權力；合眾國的每一部分都深深感到了國會的無權和無能為力帶來的影響。」

於是，西元1787年5月25日至9月17日，美國開國者們召集各州代表在費城召開制憲會議，試圖透過制定一部完整的憲法，在捍衛自由的共和制與聯邦制原則的同時，擴大聯邦政府及國會的施政空間。

《美國憲法》草案制定後，為了說服紐約州批准新憲法，漢密爾頓（Alexander Hamilton）、麥迪遜（James Madison）與傑伊（John Jay）三人一共撰寫了85篇文章，收錄成為著名的《聯邦黨人文集》（*The Federalist Papers*）。

開國者們都致力於宣揚民主自由、共和制及聯邦制原則，但在聯邦政府權力及合眾國定位方面，他們內部意見並不統一，甚至是針鋒相對。

代表農場主利益的傑佛遜主張「小政府主義」，希望將美國建設成為一個農業為主的國家。漢密爾頓則強調「強國家理論」，試圖建立一個強而有力的中央政府，以工業立國，推動北方製造業發展。

漢密爾頓指出：「我們的國家制度有著實質性的缺陷，必須設法使我們擺脫迫在眉睫的混亂狀態。」

他為強政府辯護,「政府本身若不是對人性的最大侮辱,又是什麼呢?如果人都是天使,就不需要任何政府了」,「明智而熱情地支持政府的權能和效率,會被誣衊為出於愛好專制權力,反對自由原則」,但事實上,「政府的力量是保障自由不可缺少的東西」。

當時,聯邦政府因獨立戰爭而債臺高築,政府無力清償債務,國家隨時可能破產,同時因為沒有足夠的財力阻止他國占領本國的領土及要塞,不能保證密西西比河的自由航行。整個國家政務荒廢,債臺高築,工業薄弱,土地貶值,貨幣混亂。

漢密爾頓無奈地說:「我們既無軍隊,又無錢財,也無政府。」他甚至對美國人發出警告:「要麼接受新憲法,要麼分裂聯邦。」

所幸的是,《美國憲法》最終通過了,挽救了聯邦分裂危機。這部憲法為美國自治政府、代議制、三權分立、自由學說以及共和制確立了法理基礎。

大眾文化理論家約翰・菲斯克(John Fiske)認為,從西元1783年到1789年是「美國歷史上的危機時刻」。

此後,聯邦財政危機依然嚴峻,如何強化聯邦政府信用是一個巨大的挑戰。

華盛頓在這一過程中發揮了關鍵作用。華盛頓任用了傑佛遜擔任國務卿,然後把強勢人物漢密爾頓任命為財政部長。傑佛遜和漢密爾頓鬥爭日漸白熱化,華盛頓暗中支持漢密爾頓建立起強勢政府。

漢密爾頓承受住壓力,走馬上任後在短短幾年內推出了一系列改革措施。他首先承諾由聯邦政府償還各州在戰爭期間所欠的債務,然後發行鉅額國債。這一舉措迅速恢復了國家信用,同時獲得了各州政府的支持,還強化了聯邦政府透過新憲法徵稅的權力。

漢密爾頓向國會提交了《國家銀行報告》(Report on a National Bank)，主張成立中央銀行。國會最終同意設立第一家國家銀行和鑄幣廠。美債與美元，很大程度上奠定了美國金融體系的基石。

漢密爾頓還向國會提交了一份雄心勃勃的《製造業報告》(Report on Manufactures)。在這份無比完整、詳盡的報告中，漢密爾頓毫無保留地展現出他的大政府主義野心。

漢密爾頓主張工業立國，以國家的力量發展製造業，透過採用補貼的方式擴大工業生產，對國內製造業予以關稅保護（幼稚產業保護理論）。

不過，這份報告遭到了包括傑佛遜、麥迪遜、亞當斯等大多數開國者的強烈反對，華盛頓（George Washington）也頗為難。於是，這份報告最終被國會擱置。

一般認為，美國是在一個新大陸上建立的法治國，其建立過程充滿博弈與鬥爭。從某種程度上說，正是因為傑佛遜與漢密爾頓對「國家」概念的理解不同，造就了美國具有彈性的國家制度。

日裔美籍學者法蘭西斯·福山認為，有的國家職能範圍很大，但國家能力卻很弱；有的國家職能範圍很小，但國家能力卻很強。

以美國為例，福山說：「美國建立的是一套有限政府制度，在歷史上就限制了國家活動的範圍。但在這個範圍內，國家制定及實施法律和政策的能力非常之強。」

美國具有彈性的國家制度，較完善地將個人權利、有限政府與國家利益相結合。美國避免了霍布斯主張的「利維坦」（德國），也避免了農業為主的發展模式（阿根廷），更接近亞當斯密定義的國家概念。

大多數人認為，亞當斯密主張自由放任，反對國家介入。但是，亞當斯密並非拒絕國家職能，他在《國富論》(The Wealth of Nations)中定義了國家或君主的職責：①保護本國社會的安全；②不使社會中任何人受其他人的侵害或壓迫；③建立並維持某些公共部門和公共建設工程。

美國國會擱置了漢密爾頓的製造業計畫，避免了大政府主義。但是，關稅保護主義在之後卻得到了強化。西元1812年美國與英國爆發戰爭，美國國會為了增加收入，將關稅提升了一倍。10年後，美國國會通過了新的關稅法案，幾乎所有的工業品關稅上調至35%～40%的水準。這種高關稅一直維持到了大蕭條時期。

美國南北戰爭（美國付出的代價）統一了全國市場，強化了聯邦政府的權威，卻更加解放了自由市場和個人權利。在南北戰爭之前，美國聯邦政府從法國手上購得路易斯安那後，大肆擴張國土面積。

美國從西班牙手上奪得佛羅里達，促使英國簽訂條約將領土控制延伸至大西洋沿岸，在美墨戰爭後購買了墨西哥95萬平方英哩的國土，將國界線延伸至太平洋東岸，控制了加利福尼亞金礦。到西元1853年，美國國土面積達303萬平方英哩，比宣布獨立時的版圖增加了7倍多。

美國吞進大量土地後，聯邦政府成了最大受益者。這些新擴張的土地所有權歸屬聯邦政府，聯邦政府大量出售土地獲得鉅額土地收入，用以支付獨立戰爭欠下的債務。這一結果是，聯邦政府成為最大的「地主」和食利者。

美國南北戰爭爆發後，林肯（Abraham Lincoln）總統頒布了《公地放領法》(Homestead Act)。這部因戰爭而頒布的法律，將大部分國有土地以近乎免費的方式分配給了新移民，這就直接終結了美國聯邦土地收入的歷史，同時也推動了美國土地私有化。從西元1862年到1900年，至少

有60萬個遷入美國西部的家庭從中得到了好處。

這就是諾斯強調的私有產權的確立具有激勵作用。私有產權也是一種交易成本較低的制度，更低的交易成本促進了經濟成長。諾斯將交易成本的下降視為經濟成長的關鍵泉源。

不過，諾斯也指出了美國體制存在的問題。諾斯研究發現，在美國經濟中，交易成本已從西元1870年占國內生產總值（GDP）的25%，上升到1970年的45%。不少學者認為，美國的交易成本占國內生產總值的比重超過50%。

從短期來看，交易成本在下降，經濟在成長；但是，從長期來看，交易成本一直在上升，經濟效率不斷下降。這被稱為「諾斯第二悖論」。

也有學者是這樣認為：市場經濟可使國家富有，但要考慮收入再分配問題；不考慮再分配制度，就要放棄市場，但會使國家貧窮。原則上應該先富有後再做打算，這是歷史上多數國家的選擇。但利益團體的操作與窮人的要求是無止境的，妥善收入再分配是一件很難的事情。

從美國債務規模來看，美國主權債務不斷持續上漲，交易成本越來越高。這也就是利益團體的操作與窮人的要求無止境之間的矛盾。美國在私有產權確立方面有優勢，但是經濟結構依然嚴重影響分配問題。

最近40年，美國發展了金融資本主義模式，金融業、跨國公司及富豪的財富成長迅速，而中產階級、製造業工人的收入停滯不前。美國兩黨不管誰擔任總統，都大力擴張貨幣，提升選民福利，以獲得政治選票。這是美國債務規模及交易費用高企的重要原因。

因分配問題產生的交易成本，可以理解為「內部耗損」。長期交易成本上漲，最終導致經濟成長緩慢，甚至陷入停滯。

在科技革命低潮時期，社會容易陷入存量瓜分的馬爾薩斯陷阱，因分配產生的內耗將大幅度提升交易成本。

所以，從產權到貨幣、財政、產業政策，再到分配制度，都應該指向諾斯所主張的「降低交易成本」。

但是，如果國家夾雜過多利益紛爭及意識形態，其利於降低交易成本的制度通常阻力重重。

諾斯認為，國家是一種無法掌控的、神祕的、超越經濟的力量。其實，將國家問題有意使其變得過度複雜，那才是最糟糕的。

歷史觀：從制度到秩序，以經濟學看歷史

參考文獻

[1] 道格拉斯·諾斯。暴力與社會秩序 [M]。杭行、王亮，譯。上海：格致出版社，2017。

[2] 盧梭。社會契約論 [M]。何兆武，譯。北京：商務印書館，2003。

[3] 霍布斯。利維坦 [M]。黎思復、黎廷弼，譯。北京：商務印書館，1985。

[4] 道格拉斯·諾斯。西方世界的興起 [M]。厲以平、蔡磊，譯。北京：華夏出版社，2009。

[5] 馬基維利。君主論 [M]。劉訓練，譯。北京：中央編譯出版社，2017。

[6] 貝內特，霍萊斯特。劍橋中世紀簡史 [M]。張學明，譯。北京：北京大學出版社，2007。

[7] 道格拉斯·諾斯。制度、制度變遷與經濟績效 [M]。杭行，譯。上海：格致出版社，2008。

[8] 約拉姆·巴澤爾。國家理論 [M]。錢勇、曾詠梅，譯。上海：上海財經大學出版社，2006。

[9] 馬克斯·韋伯。新教倫理與資本主義精神 [M]。康樂、簡惠美，譯。北京：生活·讀書·新知三聯書店，2019。

[10] 亞當斯密。國富論 [M]。謝宗林、李華夏，譯。北京：中央編譯出版社，2011。

[11] 張五常。經濟解釋 [M]。北京：中信出版社，2015。

國際秩序重啟！經濟、技術與大國間的未來博弈：
從俄烏戰爭到川普上任後的貿易摩擦，以經濟學角度審視世界變遷

作　　　者：	智本社
發 行 人：	黃振庭
出 版 者：	沐燁文化事業有限公司
發 行 者：	崧燁文化事業有限公司
E - m a i l：	sonbookservice@gmail.com
粉 絲 頁：	https://www.facebook.com/sonbookss/
網　　　址：	https://sonbook.net/
地　　　址：	台北市中正區重慶南路一段61號8樓 8F., No.61, Sec. 1, Chongqing S. Rd., Zhongzheng Dist., Taipei City 100, Taiwan
電　　　話：	(02)2370-3310
傳　　　真：	(02)2388-1990
印　　　刷：	京峯數位服務有限公司
律師顧問：	廣華律師事務所 張珮琦律師

-版權聲明

本書版權為中國經濟出版社所有授權沐燁文化事業有限公司獨家發行電子書及繁體書繁體字版。若有其他相關權利及授權需求請與本公司聯繫。

未經書面許可，不可複製、發行。

定　　價：375元
發行日期：2024年12月第一版
◎本書以POD印製
Design Assets from Freepik.com

國家圖書館出版品預行編目資料

國際秩序重啟！經濟、技術與大國間的未來博弈：從俄烏戰爭到川普上任後的貿易摩擦，以經濟學角度審視世界變遷 / 智本社 著. -- 第一版. -- 臺北市：沐燁文化事業有限公司, 2024.12
面；　公分
POD版
ISBN 978-626-7628-06-5(平裝)
1.CST: 經濟學 2.CST: 國際關係 3.CST: 趨勢研究
550　　　　　113018799

電子書購買

爽讀APP　　臉書